Martial DJONWANGWÉ

Les Conditions

AF523332

Martial DJONWANGWÉ

Les Conditions

Je voulais juste m'enrichir

Éditions Muse

Imprint
Any brand names and product names mentioned in this book are subject to trademark, brand or patent protection and are trademarks or registered trademarks of their respective holders. The use of brand names, product names, common names, trade names, product descriptions etc. even without a particular marking in this work is in no way to be construed to mean that such names may be regarded as unrestricted in respect of trademark and brand protection legislation and could thus be used by anyone.

Cover image: www.ingimage.com

Publisher:
Éditions Muse
is a trademark of
Dodo Books Indian Ocean Ltd. and OmniScriptum S.R.L publishing group

120 High Road, East Finchley, London, N2 9ED, United Kingdom
Str. Armeneasca 28/1, office 1, Chisinau MD-2012, Republic of Moldova, Europe
Printed at: see last page
ISBN: 978-620-4-96473-7

Copyright © Martial DJONWANGWÉ
Copyright © 2023 Dodo Books Indian Ocean Ltd. and OmniScriptum S.R.L publishing group

Les Conditions

Martial DJONWANGWE

Roman

Dédicace

Ce roman est dédié à mes parents que j’aime beaucoup.

1

Une nouvelle partie de jeu commence, les supporteurs brandissaient des drapeaux et criaient comme s'ils étaient réels. La télé s'éclaira tout-à coup et les joueurs entraient au terrain suivis des petits enfants qu'ils tenaient par la main, ensuite le coup de sifflet se fit entendre. RIRI mit deux petits morceaux de glaces dans le verre de whisky qui était posé devant lui sur la table, on pouvait facilement reconnaitre le nouveau maillot One All Sport des lions indomptables du Cameroun qui indiquait l'équipe préférée de RIRI. Il se leva ensuite pour prendre une bouteille de Coca dans le frigo qu'il aimait bien panacher avec le Whisky Bullet, revint s'asseoir avant de prendre à deux mains les commandes de la mallette et se mit à jouer contre l'équipe du Sénégal.

Le jeu semblait vraiment l'occuper car on n'entendait que les claquements de la commande qu'il maniait aussi bien comme si c'est lui qui l'aurait inventée. Le whisky n'avait pas bougé d'un trait mais les glaçons avaient vite fondu. Avant de le prendre pour la première fois depuis qu'il l'avait servi, il mit d'abord la pause et se leva, s'étira longuement sans se séparer de son verre à moitié vide. Il semblait avoir des vertiges car il tituba un peu. La dernière fois qu'il avait pris son bain il ne s'en souvenait plus. Il sentait la porcherie mais l'odeur ne lui disait rien du tout. On pouvait aussi lire sur son visage noirci qu'il n'avait rien mangé depuis fort longtemps. C'était sa deuxième semaine sans sortir de ce salon et il s'y sentait bien à l'aise. Le coup de sifflet final du match Cameroun-Sénégal se fit entendre et il relança rapidement celui du Brasil-Egypte. Son corps avait pourtant besoin de repos et ses yeux d'un léger sommeil au moins.

C'est ainsi que RIRI décida de vivre sa vie de chômeur, il en réclamait même un certificat de chômage.

Un simple regard dans sa maison montre qu'il vit une vie désespérée, on voit facilement des sachets de whisky Bullet, des bouteilles de Coca-Cola vides, des plastiques vides, des habits qui trainent partout sur le sol, des serviettes de douche dans le couloir, des assiettes qui sentent le remugle, des traces d'huile partout sur le mur et l'odeur des vomis sur le linge. Toute cette mêlée d'odeurs envahissait la pauvre maison, les mêmes habits qu'ils enlevait, il les reportait sans se déranger de leurs odeurs. Dans ses yeux enfoncés on pouvait voir une vie morne fatiguée de se faire trainer, une fatigue qui exige le repos de l'esprit et du corps. Il commençait vraiment à sentir la faim monter jusqu'à sa gorge serrée, entra dans la cuisine et fit tomber des assiettes dans lesquelles il sorti une boite de sardine ouverte qui datait de deux ou trois semaines déjà puis se mit à lécher le contenu de la boite avec sa langue comme un chien. Il ressorti et vin se coucher maigrement sur le vieux canapé, il pensa à sa boite de Chicha et se leva à nouveau rapidement, alla la chercher dans le fond du tiroir et revint l'allumer, aspira quelques lampées de fumée, se recoucha dans son canapé avant de supplier la mort de le prendre dans le sommeil qu'il forçait ainsi à l'emporter.

Lorsqu'on a passé tout son temps à vivre une vie de débauche pendant que le miel coulait encore dans notre cruche c'est normal qu'on soit las de vivre après ce qui survient normalement. RIRI traverse une période abominable et il en a marre de lui-même. La galère a trouvé le chemin qui mène chez lui ça fait de cela huit mois et il comprend maintenant que la vie est une roue qui tourne. Il était dans les airs, y planait mais aujourd'hui il a atterri il constate les réalités du monde qu'il n'apercevait qu'au loin dans son voyage aérien d'autrefois. Il n'oublie pas le temps où les belles filles entraient et sortaient de son appartement. Il avait encore des amis, des vrais amis avec qui il se partageait la part du gâteau. Quelques années plus tôt, il fréquentait les milieux de la nuit, les Snacks et les bars où la bière coute dix-mille. Sa vie était une mine d'or que tout le monde convoitait. Il n'avait pas seulement touché à l'argent mais l'avait vraiment mangé et son corps est encore abrité par quelques traces laissées par l'odeur des nouveaux billets qu'il avait tant essuyé ses fesses avec dans les toilettes. Il était toujours à mesure de dire « garde la monnaie » dans un bar ou un supermarché, il ne couchait jamais deux fois avec une même fille, ne comptait jamais ce qui entrait et sortait de sa poche car il y en avait toujours assez. Ses parents le vèneraient comme un dieu, son entourage le servait comme un roi et les filles l'aimaient comme une vie, mais tout ceci était fini aujourd'hui, c'est une page qui a été retournée il y'a bien longtemps. Plus d'amis, plus de belles filles, plus de bonnes nourritures, rien de tout ce qui était sa vie passée. Aucun ami ne sait où il habite, les filles ne le reconnaissent jamais quand bien même il ne vit qu'au salon chez sa pauvre mère et ne sait rien faire d'autre que de jouer aux jeux vidéo et à des Parifoot. Son travail à la banque lui a été repris car une rumeur courait qu'il avait détourné une grosse somme qu'un homme d'affaire nigérian avait déposé dans leur banque et après cette rumeur son licenciement a suivi, depuis lors aucune banque ne veut le recruter dans tout le pays. Voilà Presque dix mois de chômage, dix mois de vie de misère, dix mois de vie sans aucun sens.

Il se réveilla tout abattu et mourant. Il voulut encore dormir mais les bruits l'empêchèrent. Il alluma une cigarette et se demanda si sa voisine nettoyait chez lui tant le bruit paraissait proche. Quelques pas se firent entendre trainant au sol et sa mère entra au salon, vint se tenir sur sa tête. *Mais qu'est-ce qu'elle veut la vieille ci ?* Elle le secoua sans rien dire.

— J'ai vraiment sommeil et si tu n'as rien à faire que de te tenir là sur ma tête alors vas dans tes casseroles s'il te plait maman. Sa mère se tenait toujours là, les poings serrés. Elle avait un caractère autoritaire typique des femmes du Sud du pays. Ces genres de femmes étaient moins aimées des nordistes qui voulaient celles qui leur seront soumises. Son père l'a épousé lorsqu'il était parti en service militaire à Ebolowa à l'époque. Avant de mourir il pensait toujours la maitriser comme le disent les hommes en tenues mais c'est elle qui est sorti professionnelle car il a failli faire un AVC un soir après qu'elle l'a giflé devant ses parents et pour un nordiste c'était de l'humiliation qui ne pouvait se supporter, il ne lui adressait plus la parole depuis lors jusqu'au jour où il trouva accidentellement sa mort. Elle gérait tout d'une main de fer, sans laisser aucune marge de manœuvre aux hommes. Elle semblait fâchée et contrariée. Ses cheveux, encore noirs malgré son âge, fuyaient son chignon sévère. Elle transpirait à grosses gouttes et ses minuscules yeux en amande le transperçaient comme des lames effilées. Elle crierait, il le savait. Quand ? Il l'ignorait.

— Regardes toi, tu n'as même pas honte. Les autres sont dehors cherchant du travail malgré tout mais toi depuis dix mois tu n'as rien à faire que de t'allonger sur mon canapé, mangeant ma nourriture, vidant mon frigo et salissant tout à la maison ? Va même dehors un peu avec ces odeurs qui me tuent dans ma maison que mon mari et moi avions construits, ou encore vas te laver si tu veux t'occuper.

— Laisse-moi tranquille, ne me dérange pas maman.

— Il n'y a pas de maman, gros pour rien ! Tu as tout gaspillé ton argent avec des bordelles, malhonnête tu as même été licencié du travail à cause de ta malhonnêteté, tu viens maintenant m'encombrer chez moi avec des odeurs suicidaires, tu n’as pas honte de revenir chez moi ? Mon salon a une odeur de porcherie à cause de tes vomis d’alcool et tu ne te lave jamais. L’eau ne tue pas, va te laver, permets-moi de respirer de l’air pure aujourd’hui ! A l’heure ci tu dors que tu as fait quoi de bon ? Va chercher du travail, imbécile. Comment peux-tu vivre dans une porcherie pareille ? Ce n’est pas naturel ce train de vie, et tu ne travailles pas en plus! Tu restes cloîtré ici toute la journée, le nez dans tes jeux…

Une nouvelle vague de reproches avait repris et c’était ainsi depuis qu’il a perdu son travail car il ne voulait plus rien faire ni chercher un autre boulot. Il se savait différent des autres jeunes-gens de son âge, asocial. C’était son droit après tout ! Les fourmis ne sont pas toutes des travailleuses, certaines font n’importe quoi, d’autres glandent tout simplement. Il n’aimait que jouer au jeu vidéo dans le salon, dormir, se réveiller, fumer des cigarettes, boire du whisky, vider le frigo, salir les assiettes et laisser trainer ses habits pouilleux partout dans la maison. Il aurait pu en vivre, travailler pour une agence d’assurance ou faire dans l’informatique comme nombre de ses amis : il préférait se blottir sous la tutelle du saint gouvernement des bon-à rien et des fainéants. Surtout que le pays avait choisi de ne laisser personne derrière lui ; il faisait partie de cette infime partie de la population qui profite du système, résolu à ne jamais s'intégrer dans la société de travail que propose ce monde sans queue ni tête, il voulait maintenant que ça soit le travail qui vienne à lui et non lui au travail.

Au final RIRI était une sangsue et ne se gênait pas de ce fait. Il se dit qu'avec ses diplômes d'université peut-être qu'un jour les choses changeraient. Un réformateur couperait le robinet aux gens comme lui, en prétextant qu'ils ne méritent pas le même sort que les autres de la mêlée. Il vivait aujourd'hui dans la mouise et devrait tout faire pour opérer un changement ou finir dans la rue. Ses diplômes lui donnaient accès à plusieurs postes malgré le manque de confiance que les gens avaient envers lui mais sa paresse et son délaissement l'empêchaient de combattre ce diable qui s'est installé aisément en lui, il s'en persuadait. Si RIRI acceptait finalement sa personne se définir comme un parasite, sa mère ne le tolèrerait pas de toutes les façons.

Sa maman poursuivit ses sempiternelles jérémiades sur l'état des dégâts que sa présence inutile commettait dans la maison. Pour mettre un peu de l'ordre il lui fallut toute une journée, c'était une vraie porcherie ! Une grande honte l'envahi clandestinement juste un moment.

Il se leva et ouvrit une bière tout en rallumant une moitié de cigarette. Cela irrita sa mère, et c'était suffisant. Serait-ce exprès qu'il le faisait ? Ou voulait-il juste énerver sa mère ?

— Maman, tu peux me laisser s'il te plait. Je reçois quelqu'un.

— Où ça ? Dans cette porcherie ?

— Oui dans cette porcherie c'est quoi ton problème finalement ? Elle le secoua brusquement avec violence.

— C'est lundi aujourd'hui espèce d'idiot vas dehors et trouves toi un boulot ! hurla-t-elle. Ton rendez-vous attend le jour que tu auras ta maison à toi. La fille que tu reçois ou je ne sais pas cet ami est aussi idiot que toi sinon comment vais-je accepter de venir dans cette saleté de maison. J'espère que ce n'est pas ma pauvre petite Rosette.

— De quoi je me mêle ? N'oublie pas qu'ici c'est la maison de mon père et je reste tout le temps que j'ai envie, je réçois qui je veux, même Rosette après tout c'est la mère de mes enfants. Il lut l'indignation dans son regard. Il était peut-être allé trop loin. Rosette sa petite amie était devenue comme sa marionnette. Ils sortaient ensemble depuis leur tendre enfance jusqu'à l'université, elle faisait tout pour lui. Elle était timide, naïve et trouvait cela normal. Il la repoussait comme il voulait, l'humiliait autant qu'il pouvait mais elle espérait qu'un jour le sens de l'amour lui reviendrait. Elle confondait amour et pulsion. Les gens creusent leur propre tombe. Elle optait pour la souffrance de son plein gré : ainsi soit-il ! Qu'elle continue à jouer son rôle de potiche à ses côtés : il l'appelait quand il voulait, venir lui tenir compagnie, lorsqu'il avait besoin de tendresse, jouer une partie de Game avec quelqu'un ou encore pour coucher avec elle quand il en avait envie. Cela ne l’empêchait pas de draguer d’autres filles sans se gêner d’elle, de plus en plus rarement cependant. Ils formaient un couple lorsqu’il voulait et comme il le voulait. Il était conscient de son comportement d’idiot, peu importe les justifications qu’il se trouvait. Il l’avait même surnommée « sa machine à sexe ».

— Imbécile ! Être la mère d’une chose comme toi me donne la honte vraiment, quel gaspillage tu es. RIRI, c’est un regret pour moi et particulièrement pour ton père dans sa tombe voyant ce que tu fais de ta vie.

Elle était enragée. Il ne l’avait jamais vue dans cet état, et c’était la première fois qu’elle mêlait la mémoire de son mari depuis qu’il est mort. Il était mort de façon à s’interroger sur tout, il venait de rentrer de la Brigade lorsqu’une branche d’arbre s’est détachée d’en haut et vint s’écrouler sur lui à l’entrée de sa maison. On eut de la peine à le décoller de cet arbre qui l’avait complètement broyé. Les gens disaient que c’était la malchance de sa femme car les jours qui ont précédés sont décès ils se disputaient tous les jours et elle lui souhaitait tout le temps de mourir de façon tragique.

— RIRI tu exagères vraiment trop maintenant. Qu'est-ce que nous n'avons pas fait pour toi ton père et moi ? On s'est battu corps et âmes pour te trouver un travail envié de tous à la banque après ta sortie de l'université, nous t'avons bien éduqué, garanti ton avenir mais tu as joué avec ta propre vie, tu as détourné, volé de l'argent à la banque et tu as été viré et grâce à moi tu as manqué d'aller en prison. Ce que tu es devenu relève de ton irresponsabilité et de ton banditisme acharné. Je regrette d'être ta mère sincèrement et je prie le Seigneur pour qu'il te change, pour que tu sortes de là où tu es enchainé et que tu rectifie le tir. Tu as de l'avenir et des diplômes, tout le monde peut te recruter et tu peux changer ta vie toi-même. Je n'ai plus envie de te voir ici, apprends à te débrouiller tout seul, et s'il te plait laisse la petite Rosette vivre sa vie normale car tu ne lui apporte que malheur, elle ne mérite pas un crasseux comme toi. Elle pleurait. Il s'approcha d'elle pour la prendre dans ses bras, mais elle le repoussa si violemment qu'il s'écroula sur le canapé. Il éclata d'un rire au final et c'était fou elle semblait vraiment en colère cette fois-ci. Elle lui jeta un dernier regard écœuré et disparut dans sa robe de vendeuse d'ignames.

Toute la maison sentait mauvais et l'odeur de la cigarette dessinait un cercle autour de sa tête bourrée de cheveux. Il lança un coup de fil à Rosette pour lui dire de ne plus venir le déranger et Il se réinstalla devant sa télé avec les mallettes entre ses mains et une bouteille de Whisky sur la table. Quelques minutes après son téléphone retenti, c'était un SMS de Rosette et il se mit en colère. Elle demeurait froide et ne manifestait aucune colère. Elle lui dit que c'était finit entre eux, qu'il avait franchi les limites de l'humiliation vis à vis d'elle. Elle lui dit à quel point elle était déçue de lui et lui avoua toutes les sincérités qu'il ne souhaitait jamais découvrir. Elle l'avait finalement découvert : un pauvre vaurien, cela l'aurait vraiment blessé et souhaitait ne jamais l'entendre d'elle. RIRI voulait être avec Rosette mais il ne l'a jamais aimé, tous deux le savent. Enfin, il la désirait quand-même, il lui prouvait un peu d'affection, peut-être à cause de leurs deux jumeaux mais Rosette ne méritait pas que de l'affection, même si elle voulait qu'il redevienne la personne qu'elle désirait. Et puis, qui voudrait de sa vie ? Il aimait toujours sa solitude depuis qu'il a été licencié, sa vie dans son coin était plus importante maintenant à ses yeux. Qu'on le laisse vivre sa vie comme bon lui semblait. Il aurait pu ressentir de l'amour pour Rosette, peut-être, si lui-même ressentait de l'amour pour son propre corps et sa pauvre vie. Mais RIRI n'avait aucun regret de perdre Rosette, de toutes les façons il n'aimait plus personne, même pas lui.

Il allait de jeu en jeu mais finit par ne plus y prendre du Plaisir. Il était un peu pris de tristesse, renfermé sur lui-même. Il constata qu'il n'y avait plus de boisson dans sa bouteille. Noyer ses soucis était sa seule envie. Bye-bye au Whisky et Bienvenu à la bière il se soulait en pensant au message de Rosette. Il rédigeait des SMS qu'il supprimait aussitôt finit d'être écrits. Il pleurait et riait un peu plus. Il vomit encore et encore, puis sombra sur son canapé tout saoul et s'en dormi.

Pendant le mois de Mars il faisait tellement chaud, le soleil et la chaleur le réveillèrent. Il était dix heures. Le train de sa vie se remit en marche aussi monotone soit-il, c'était Mardi. Il décida de sortir dans un coin où les cabarets s'alignaient, rencontrer une prostituée au bord du goudron au poteau, rentrer avec elle, se consoler avec elle dans son lit pueux, lui dire de s'en aller les mains vides, se disputer avec elle, lui donner l'un de ses appareils en guise d'échange, se venger ainsi de toutes les souffrances que les prostituées lui ont fait vivre, ce qu'elles lui ont infligé. Non, ce qu'ils lui avaient infligé, tout le monde sans distinction ! Il n'en voulait pas qu'aux femmes mais il maudissait le monde entier, mais surtout sa propre vie de merde. Il éprouvait de la haine pour lui-même. Rosette ne l'avait pas vraiment humilié, il était sans doute le voyou qu'elle a qualifié, c'était vrai et il n'avait aucun doute. Il voulait juste qu'on lui colle la paix et qu'on le laisse vivre tranquillement. C'était pour lui normale, pour un homme qui est passé de la richesse à la pauvreté sans vitesse initiale. Il commença à avoir de mauvaises pensées et priait que l'ange de la mort lui rende visite, de toutes les façons il ne méritait plus de vivre selon lui. Tout autour de lui le dégoutait. Mais sa prière de mourir semblait être loin d'être exaucée, RIRI devrait encore vivre ainsi pendant des kilométriques années.

2

Il s'est dépêché pour ne pas être en retard à son entretient, fatigué de se morfondre dans la maison, RIRI décida de postuler à une offre d'emploi dans une microfinance à DORCAS SAVING HOUSE. En rentrant il s'arrêta pour acheter ce qu'il lui fallait pour la semaine, évidemment des cigarettes, du whisky, de la bière et des boites de sardine. A peine servit qu'il ouvrit sa bouteille de whisky dans la rue et buvait sans se gêner des gens dans son entourage. Il ouvrit aussi une boite de sardine la dégustait avec un morceau de pain en marchant tranquillement sur la route, la liqueur lui montait à la tête. Quelle belle journée ! s'écria-t-il.

En traversant le grand carrefour il tenait sa bouteille dans la main droite et son paquet dans la main gauche, il marchait en titubant tout ivre, dans son imagination d'ivresse il crut entendre le bruit des pneus d'une voiture qui venait vers lui à toute allure. Toujours dans son imagination de whisky il leva les yeux et vit une voiture de marque CARINA qui venait vers lui à toute vitesse. Il voyait flou et était surprit, il se disait avec sa bouteille à moitié vide : quel est ce chauffeur qui roule à 100km/h en pleine ville comme ça ? Il a bu avant de prendre le volant ou quoi ? RIRI se voyait mourir, cogné par un malade mental qu'il s'est imaginé sous l'effet du whisky.

Il s'est à nouveau imaginé sur un lit d'hôpital tout fracturé, il s'est imaginé entrain de mourir après cet accident grave, étant sur le lit il voyait cette même voiture foncer sur lui pour l'anéantir, il voyait la voiture se rapprocher de plus en plus et lorsqu'il réalisa qu'il ne s'en sortirait pas, que la mort se présentait à lui en cette voiture de couleur noire comble du mauvais gout de la mort, qu'il allait mourir, qu'il n'allait plus gouter au whisky, qu'il n'allait plus se consoler en fumant de la cigarette, qu'il n'allait plus revoir sa Rosette, qu'il n'allait plus jamais toucher aux billets de banque craquants, il oublia qu'il avait fait la prière pour que le Seigneur l'emporte auprès de lui et prit de peur il hurla, cria aussi fort à en percer les tympans: non! Les usagers qui passaient, les chauffeurs et les policiers qui se trouvaient là se mirent à le regarder tous étonnés. Il n'y avait ni de voiture CARINA de couleur noire, ni d'accident, pas d'hôpital, pas de chauffeur roulant à vive allure. RIRI tenait toujours sa bouteille de whisky et son sachet en main dans une position de gardien de but voulant arrêter un penalty. Tout ceci n'était juste que les imaginations du whisky

— Ça ne va pas de crier comme ça, monsieur ? Il faut vous faire soigner, hein ! Vous faites peur aux enfants ! Espèce d'ivrogne. Gronda une maman qui vendait des oranges sur la chaussée, prise elle aussi de peur.

— Allez vous faire voir, ne voyez-vous pas que cet idiot voulait me tuer avec sa voiture noire ?

— Quelle voiture noire ? Espèce de soulard. Tu es sur le trottoir, dans ton village les voitures roulent sur le trottoir aussi ? Villageois, soulard de merde, retourne au village.

Il chercha la voiture, en vain, puis s'éloigna en secouant la tête : l'alcool trompait sa raison et cette journée n'a servi à rien. Il avait si honte et baissa la tête, boucla rapidement ses courses et rentra à la maison.

Cette fois la matinée de RIRI s'annonçait belle. A son réveil vers 11h il vit Rosette entrer, étonné il se leva aussi rapidement. Son arrivée lui donna la joie de vivre car ça faisait des semaines qu'il croyait l'avoir perdu pour toujours. Elle était toute belle et s'était fait une nouvelle coupe de cheveux, des mèches brésiliennes qui lui allaient bien.

Elle lui fit une bise sur la joue, et le toucha le front pour s'excuser de n'avoir pas prévenu en venant. Il sourit. Elle alluma la télé. Étonnant, cela ne lui ressemblait pas. De coutume, Rosette le serait, elle voulait être naïvement dans ses bras jusqu'à la tombée de la nuit, elle disait qu'elle lui prendrait toutes ses forces afin qu'il ne les dépense pas avec une autre fille. Elle lui dit alors sans hésiter : j'ai fait le premier pas en venant chez toi malgré tout, excuse-toi et rassure-moi que tu ne seras plus aussi vagabond. Sa sérénité se fit tout de suite savoir. Il se vit en train de somnoler encore, mais elle le réveilla, et il fut vexé. Il ne dit rien et se rendormit tranquillement sans la voir.

Sa sieste lui allait bien mais avec dédain, et la télévision toujours allumée. Il avait bien dérangé. Il venait de perdre une nouvelle chance. Il se leva du canapé et alluma une cigarette, enfila un démembré et entra vers le couloir. L'odeur des œufs pourris lui bondit au nez et il recula rapidement. Il détestait cette odeur à en mourir. Rosette regardait une série Novelas sans lui prêter une attention. Elle ne fumait jamais mais décida d'allumer un bâton et faire comme lui. RIRI le regardait étonné et se demandait bien s'il ne rêvait pas comme de la voiture noire d'hier, mais non, elle était en train de fumer une cigarette, sans se noyer la gorge.

— J'aimerais bien savoir si je ne suis pas en train de rêver, dit-il avec un ton humoristique.

Elle détourna lentement le regard, une expression placide gravée sur le visage.

— Alors que toi tu n'as rien fumé comme cigarette depuis que tu es là couché.

Une peur se saisit de RIRI et il se demandait ce qui n'allait vraiment pas avec Rosette car elle ne s'exprimait jamais comme ça. Elle articulait ses phrases de façon étrange, sa voix devint plus grillée que celle des fumeurs de chanvre indien qu'on rencontre dans les bois uniquement.

— Tu me fais quoi là ? C'est une blague, il y a une caméra quelque part ?

— Je ne sais pas ce que tu as pris, mais ça a l'air d'être très puissant.

Elle rit d'une voix désagréable et aigüe. Une violente toux interrompit son euphorie. RIRI contracta cette crise il y'a de cela quelques années déjà.

Etonné et inquiet il commença à paniquer. La scène de la voiture, Rosette qui était si étrange, tout ceci ne ressemblait plus à un simple rêve, ça n'avait aussi rien de délirant surtout. Devenait-il fou ? Son cerveau lui jouait des tours et troublait sa perception. Il se croyait assis sur son canapé : peut-être s'étouffait-il dans sa salive ou son vomi, convulsant sur le sol de leur appartement. Cette idée l'emplit de dégoût. Non, il souffrait d'hallucinations, très réalistes et étonnamment persistantes.

Quelqu'un ouvrit la porte précipitamment, c'était sa mère qui à peine entrée elle sentit l'odeur de la cigarette qui lui souhaitait la bienvenue. Les deux jumeaux la suivaient à queue, beaux garçons, ils avaient à peine cinq ans chacun. Là sa folie était sur le point d'atteindre son apothéose. Il hurla à nouveau et sa fantaisie recommença. Tout le monde était pris de peur car il hurla si fort, sa maman a failli s'écrouler et Rosette à côté de lui grimpa sur le congélateur comme si elle venait de voir la gueule entrouverte d'un serpent bois. Les deux garçons eux se croyaient dans une scène de surprise d'anniversaire.

— Papa est devenu fou exprima Joël le premier garçon.

— Oui papa attrape la folie, murmura Henry le second. Ça devenait un refrain prit par les jumeaux qui semblaient jouer.

Sa mère froissa le visage. Rosette semblait plus contrariée d'avoir été tirée de sa léthargie que choquée.

— RIRI, dit sa mère furieuse. Tu veux nous faire mourir ? Qu'est-ce qui t'arrive de nous effrayer moi et mes petits fils ainsi ? Je crois que tu perds finalement la tête toi ce garçon. Même en présence de tes enfants tu continues de faire le gamin ? Et eux alors que feront-ils ?

Elle fit tout un sermon au sujet de son manque flagrant de maturité et du fait qu'il soit si irresponsable. Ensuite elle ouvrit la page de leur condition de vie, lui rappela qu'un de ces quatre les services d'hygiène viendraient les amender à cause de sa saleté. Les enfants riaient, ravis du beau film que leur avait offert leur papa.

RIRI présenta ses excuses à sa mère avant qu'elle ne se sauve avec les deux petits garçons. Il contempla ses fils dont il ne connaissait même pas les prénoms. Deux garçons qui n’avaient rien de lui. Sa maman avait pour le bien des enfants décidée de leur faire passer la journée aux hors de la maison tous les jours, elle les amenait avec elle au marché et rentraient tous tard le soir.

— Mes enfants, allons-y nous coucher et laissons cet idiot. Rosette s’indigna et dit :

— Je peux donner mon avis aussi ? Je peux m’exprimer ou tu comptes me virer du salon manu militari ?

C’est tout à fait normal que les enfants ne doivent pas dormir dans le lit parental, plus confortable est de les laisser dormir dans l’autre chambre d’à côté.

— Est-ce que ça va RIRI ? Demanda Rosette toute inquiète. Mais Il ne semblait pas être avec eux complètement, il les ignorait tous et voulait juste être loin d’eux.

— Je m’en fou de vous tous, je pisse sur vous.

— RIRI tu devrais être raisonnable quand-même un peu s’il te plait.

— Vas en brousse avec ton charabia là.

RIRI recommença à crier, il se tapait la poitrine assez fortement. Les enfants pleuraient et le spectacle devenait de plus en plus effrayant pour eux.

— Ne te rends-tu pas compte que tu nous mets mal à l'aise avec ta folie d'enfant là ?

— Je m'en fou de toi, je m'en fou de vous, je pisse sur vous tous, allez en brousse.

Ils entrèrent tous, Rosette ne rentra pas chez ses parents ce soir et le laissèrent seul au salon. Il aurait aimé ne pas se retrouver dans ce salon qui le dégoutait, il souhaiterait être dans un bar où les fumées des cigarettes montent, où les femmes aux mini-jupes viennent s'accoler aux hommes qui s'égarent là et leur posent juste une question : on part ? il aurait voulu sentir le bruit des musiques monter dans sa tête et le mettre hors de lui, lui donnant les vraies idées.

Il gardait quand-même quelques souvenirs de certaines choses. Oui, cela faisait quelques années que Rosette le supportait. Depuis leur enfance elle était toujours là comme si on l'obligeait à rester. Ils avaient eu ces jumeaux lorsqu'ils étaient si jeunes et quand RIRI fit la bêtise de perdre son travail de luxe qu'il avait, tout devint bizarre. Rosette était toute différente de lui car elle était trop bonne pour le mériter, lui qui la négligeait lorsqu'il touchait encore aux feuilles craquantes, il avait fait de sa vie un gâchis dès le départ. C'est à cause de sa mère que Rosette venait de temps en temps rendre visite aux enfants, passer quelques jours souvent avec eux et le supportait encore le temps qu'il faudrait.

3

RIRI cherchait à se rendre chez un marabout qui a le pouvoir de délivrer des vies, même celles envoutées. Il emprunta le boulevard du 20 mai, longea vers le poste central devant la cathédrale et vit un taxi. Le chauffeur le reconnut immédiatement. Oui, il avait déjà emprunté au moins une fois chaque taxi de toute la ville chaque soir qu'il rentrait saoul des SNACK. Le chauffeur fit semblant de le reconnaitre mais avança sans vouloir le porter, le sachant toujours ivre.

— Bonsoir, je ne suis pas ivre, je cherche à me rendre… il ne voulut dire où il allait exactement car les gens avaient peur des personnes qui fréquentent les marabouts, la plupart finissent dans des pratiquent magiciennes.

Le chauffeur de taxi prit un bon moment pour observer ses mouvements afin de détecter s'il n'avait pas en lui quelques brumes de vin. S'il osait aussi lui demander où il allait exactement ça aurait été un autre dossier pour lui et ce dernier n'aurait jamais accepté le prendre dans son taxi. Il le laisse quand-même monter et le dépose un peu plus loin avant que RIRI lui dise de le déposer où personne ne passe. Le temple de MAITRE KONDE ne désemplissait pas et RIRI prit place à côté des autres personnes qui attendaient déjà en rang. Deux heures s'écoulèrent quand un serviteur du maître l'appela et lui indiqua une porte secrète. Il pénétra dans une salle éclatante de blancheur, elle faisait peur car il n'y avait personne d'autre à part un homme imposant, des cheveux couleur neige noués en un chignon de guerrier, un visage sans âge et des yeux bleus de glace qui se tenait bien droit derrière un grand miroir immaculé. Un air sévère, des traits taillés vifs, il était bien laid et ne dégageait aucune chaleur. Aucune expression ne trahit son regard, aucune parole ne franchit ses lèvres scellées. Pourtant, il le scrutait, l'inspectait, le dévorait.

— M. Rigobert, tu as tout perdu, tu es un malchanceux.

Cette phrase n'était pas pour l'inviter ni pour lui souhaiter la bienvenue. Elle le définissait, ce que cela signifiait de vrai et de pur, d'obscur et de honteux, d'étrange et de nauséeux. Oui, c'était vrai, il était qui il était et ne pouvait s'en défaire ni le nier, malchanceux.

— Oui maître, j'ai tout perdu et je suis sur le point de devenir fou car j'étais extrêmement riche avant d'être renvoyé de mon travail à la banque.

Cet homme sinistre s'en foutait de comment il était devenu pauvre. Pour lui, il voulait juste qu'il soit riche à nouveau. Il souhaitait que quelqu'un lui explique ce qui n'allait pas avec lui, ce qu'il doit faire pour redevenir le POMPI comme on l'appelait autrefois, RIRI est un surnom de pauvre qu'on lui ait donné depuis qu'il a tout perdu et cet homme était le seul capable de lui redonner sa richesse, il le savait aussi selon sa convenance et ses croyances aux forces mystiques

— Maitre je suis vraiment…

— Pas besoin de préciser. Je sais ce que vous vivez comme calvaire. Je suis informé des raisons qui vous ont mené ici, devant moi, dans mon temple sacré aujourd'hui. Mais le saviez-vous aussi ?

Une question rhétorique qui ne méritait pas qu'il lui donne une réponse.

— Dites-moi ce qui ne va vraiment pas.

— Dans quel but ? La solution se cache en vous, il s'agit de votre choix. Vos décisions vous ont conduit jusqu'ici maintenant et de cette manière. Je ne peux expliquer vos préférences, vos ambitions et ce que vous accomplissez à votre place, et encore moins justifier vos actes. Si vous acceptez mes conditions vous redeviendrez riche, plus riche et puissant.

Cette scène lui parut complètement surréaliste. Pourtant, RIRI savait que ces mots se révéleraient cruciaux, qu'il devait les mémoriser. Ce type ne déraillait pas, il ne délirait pas. Ce n'est pas lui qui avait rêvé un accident mortel, s'était réveillé avec une famille imaginaire et tissé un passé fictif. RIRI est le seul qui doit se faire sortir de sa situation et pour cela il doit accepter toutes les conditions qu'on lui donne.

— Écoutez, j'ai besoin d'aide. Ce matin, j'ai cru être renversé par une voiture, mais finalement ce n'était pas réel. Je rentre chez moi et tout est bouleversé. Ma petite amie est devenue ma femme, j'ai des jumeaux, j'étais banquier et j'avais beaucoup d'argent mais j'ai tout perdu, ma mère m'insulte tous les jours, j'ai des diplômes personne ne veut m'embaucher car tout le monde me traite de voleur. Je dois redevenir riche peu importe les conditions.

— Tout ceci se passe sous forme d'imagination pour vous.

— Suis-je en train de perdre la tête à cause de la pauvreté ?

— Il se pourrait, ou peut-être pas aussi.

Il eut peur, c’était la vérité l’accident semblait être si réel. Pourtant, il était encore vivant aujourd’hui. Peut-être pas aussi vivant qu’il l’imaginait car un pauvre qui vit n’est pas différent d’un mort ou d’un fou.

— Je suis dans un supermarché ?

— Je ne pense pas vraiment.

— Vivez-vous aussi la même chose, maitre ?

— Vous voulez que je vous aide à vous défaire de votre folie et que vous redeveniez riche, alors ne jouez pas au sage, je ne suis pas comme les autres.

— C’est qui le autres ?

— Il s’agit de ceux qui présentement ont déjà emprunté la route pour vous saisir. Il commença à avoir de plus en plus peur comme un lapin face à un chien enragé. Ils vont vous amener dans le foret pour passer votre test pendant quelques jours, de retour vous serez extrêmement riche mais après un certain temps vous aurez des conditions à remplir pour maintenir votre richesse si non vous rentrerez en compagnie des bêtes dans le foret où vous vous rendez dans quelques minutes

La porte s'ouvrit. Un homme aux traits identiques entra. Seuls ses yeux étaient différents : sévères et hostiles. Il le traquait, C'est RIRI qu'il voulait certainement. D'autres sphères de lumières l'entouraient. RIRI découvrit leurs faces sans les connaitre, comme s'ils n'étaient pas aussi importants

La main de l'homme allait se refermer sur lui lorsqu'il le sut. Son regard était empreint de dédain, et comprit que l'individu lui courait après. Il le rattraperait surement. Il espérait que cela ne se produirait pas avant longtemps. Puis, son visage se décomposa, les lueurs de ses yeux fondirent. RIRI observa ses mains se dissoudre dans le néant. Il ne souffrait pas. Le froid s'empara de lui, sinistre et vide.

C'était comme un paysage d'horreur, un monde rouge comme l'enfer. Ce spectacle semait les graines de la folie dans son esprit. Il avait déserté réalité et raison. Il comprit les mots néant et chaos. Ni relief, ni perspective, ni forme.

Les cieux pourpres se déchiraient et se reformaient, parcourus d'éclairs.

Il sortit vite de chez le marabout et vint se tenir dehors sur la route. Il marcha un peu avant d'entendre dans sa tête comme un bruit habituel. C'était les cris des spectateurs dans ses jeux vidéo de tous les jours. Il courut. On entendait les carreaux pleurer sous ses pieds à une vitesse vertigineuse. Il courait plus vite. Les spectateurs dans sa tête criaient encore plus fort. Leurs cris courraient vers lui. Pour lui c'était insupportable.

L'air changea tout à coup, s'humidifia, et une trombe d'eau s'abattit sur lui. Il s'est retrouvé au bord d'un fleuve à côté d'une grande foret, on pouvait facilement reconnaitre qu'il était dans la brousse. RIRI se demandait ce qu'il faisait ici, comment il s'est retrouvé là, qui habitait dans cette jungle ? Il n'aurait pas le loisir de se poser la question longtemps, l'oxygène lui manquait. Un vent violent soufflait, il ne sut le décrire, mais il lui imposait un rythme, il croyait être en présence d'un être surnaturel, un être qui contrôlait ces eaux et toute la foret aux alentours, les poisons dans l'eau et les monstres qui se trouvent dans ces grands arbres. Il fondait sur lui mais tout devenait de plus en plus sombre. Il s'effondra à genoux, et cracha l'eau de ses poumons en feu. Il avalait de grandes goulées d'air frais dès qu'il ne toussait ou ne vomissait plus. Sa gorge, son thorax, son nez et sa tête le brûlaient. Il se sentait comme si un camion venait de lui passer sur le corps. Enfin, l'atmosphère semblait respirable. Il se remit peu à peu de ses folies.

Au fil des heures, sa panique s'évanouit. Peu importe ce qui se tapissait dans l'ombre, il se préoccuperait de ce sur quoi il détenait de l'emprise. Il se contenta d'avancer en quête d'un lieu confortable. Il ne comprenait toujours pas ce qui lui arrivait, mais ne s'en souciait plus, concentré sur sa survie et son confort. Il fouilla ses poches, mais briquet et cigarettes étaient restés dans son appartement. Il ne risquait pas de croiser un tabac dans le coin ! Il sourit. Étrangement, l'envie de fumer surplombait toute cette folie, ce délire ambiant. Il marcha longtemps. Il revint plusieurs fois sur ses pas, sans le remarquer. Épuisé, il s'installa dans un tronc d'arbre creux, cadavre d'un vieil arbre monumental. Un évènement cataclysmique avait saccagé ce coin de forêt. Les arbres étaient couchés, brisés et calcinés dans un rayon d'une vingtaine de mètres. Plus aucune végétation ne fleurissait en ce lieu. Il craignit que son refuge improvisé héberge une foule d'insectes et de serpents dégoûtants, mais il n'en était rien. Nulle vie ne s'était approchée du carnage, et le bois n'avait pas pourri. Il s'abrita en prévision de la pluie.

Il dormit peu, le froid lui glaçait les os, lui interdisant tout sommeil. Ses membres courbaturés et gelés lui arrachaient des complaintes. Il pleurait, sans même le savoir. Son corps et son cœur craquaient. Il rêvait d'un endroit chaud, quelque chose pour se couvrir. Il ne survivrait pas une nuit de plus dans ces conditions ! Et s'il tombait malade ? Un bête rhume le terrasserait dans cette foret surement. Il s'évertua à allumer un feu, en vain. La faim et la soif le tenaillaient. Il marcha avec circonspection autour de son nouveau nid. Il avait décidé de se sédentariser afin d'économiser ses maigres forces. Il survivrait ici, le temps de confectionner armes et protections. Son plan de bataille lui parut bon et évident.

Son repaire ne semblait pas dangereux, il ne s'était pas fait attaquer et pour une raison inconnue les bêtes alentour évitaient soigneusement de mettre une patte dans le cercle calciné.

RIRI se perdit dans cette forêt, il faisait des cercles concentriques afin de repérer l'endroit et inventorier les ressources qu'il avait. Il se voyait comme un enfant dans une leçon de choses et cela lui arracha quelques sourires. Il avançait méticuleusement, observant chaque plante et chaque animal. En désespoir de cause, il se rabattrait sur les insectes qui pullulaient. La luminosité s'accentua. Son estomac grondait, son dernier repas remontait à une éternité. La soif, surtout, devenait insupportable. La pluie l'avait aidé, mais sa gorge s'était déjà asséchée. Il rencontrerait un ruisseau, probablement. Il déambulait, perdu dans ses pensées, lorsqu'un bruit l'interpella. Il avança dans cette direction. Le grésillement s'intensifiait, comme un éclair dans le ciel, ou une interférence d'un téléphone près d'un téléviseur. Une barrière de buissons lui bloquait le passage, et il entreprit de la traverser. Les branches pesaient plus lourd qu'il ne l'avait estimé. Il dérangea une multitude d'insectes étranges qui fuyaient sur son chemin, mais certains le parcouraient et le chatouillaient. Ce n'était pas désagréable. Il continua d'avancer dans ce fatras de verdure qui n'en finissait plus, un écosystème étouffant et incroyablement dense. Les tiges s'accrochaient à lui. Il était comme prisonnier. Il essaya de rebrousser chemin, mais la force de la végétation l'en empêchait. Il ne pouvait qu'aller de l'avant. Puis il sentit une morsure, et une autre. Les insectes l'assaillaient. Les attaques se multipliaient. Plusieurs parties de son corps le brûlaient. Il devait se sortir de là et vite. Ces piqures s'avéreraient probablement dangereuses. Il tenta de s'extirper, mais plus il progressait et plus les branches resserraient leur étreinte. Bloqué, impuissant, les branches formaient des liens, des entraves qui se resserraient plus fort lorsqu'il bougeait. Certains insectes s'infiltraient dans ses oreilles, ses narines. Ils dévoraient ses tympans, l'intérieur de son nez. Il lutta, en vain. Le sang coulait abondamment de ses orifices. Un éclair de douleur éclata dans son cerveau et il cria. Par réflexe, ses yeux s'ouvrirent et ils se ruèrent sur ses orbites. D'autres assaillirent sa bouche. Entre deux hurlements, il tentait d'en tuer en les croquant ou en les écrasant avec sa langue. Il allait mourir, elles le mettraient en pièce, prélèveraient chaque minuscule parcelle de son corps. La pire des tortures. Les animaux qui s'abreuvaient auprès du fleuve furent parcourus d'un frisson d'effroi en entendant ses cris désespérés. Ils comprenaient. Une bête se faisait massacrer tout près d'eux. Les mammifères décampèrent, les oiseaux s'envolèrent. Un silence de mortuaire, trahi seulement par la complainte désincarnée de RIRI.

Non ! Je ne vais pas mourir aujourd'hui ! Je passerai ce test et je deviendrai riche !

RIRI s'installa dans un trou profond à côté de la rivière. Des arbres fruitiers meublaient le rivage. Il ignorait s'ils étaient comestibles, mais la faim lui interdisait de s'en préoccuper. Il filtrait l'eau dans sa chemise qu'il tentait de conserver le plus propre possible. Il dormit, but et mangea durant une période qui lui parut longue. La nuit venue, il rentrait dans son trou. Il craignait de contracter un rhume, mais redoutait davantage de perdre l'usage de ses membres dans cet univers vierge et hostile. Le soir, il tentait de se concentrer pour aller vers un endroit où on lui administrerait des soins, sans succès. Il trouva au fond du trou qui lui servait de refuge un tas de silex ouvragés. Il s'entraînait durant son temps libre à allumer un feu, les cognant l'un contre l'autre, mais n'obtenait que des étincelles stériles. De rage, il jeta violemment un silex contre une veine de métal. L'étincelle projetée, cette fois-ci prit feu. Il affûta également des pierres en prévision du pire. Lorsqu'il s'était lancé dans le buisson, il s'imaginait maître du monde primitif et avançait tel un conquérant, certain de sa qualité d'espèce alpha. Aujourd'hui, il se considérait plutôt comme un survivant, méfiant, à la merci de l'impitoyable. L'homme, avant de plier la nature à ses désirs, avait appris ses secrets. Il ignorait tout de ses règles et réalisait sa vulnérabilité, réduit à l'état de proie.

Un matin, il remarqua un animal mort près de l'entrée de son refuge. Aucune trace de prédation. Il songea à découper la viande, mais craignait qu'elle soit contaminée. Combien de temps un cadavre demeurait-il comestible ? Et s'il était malade ? Il ne possédait pas les réponses à ces questions et ne souhaitait pas aggraver sa situation. S'il avait eu faim, il aurait probablement mangé la bête. Les plantes, les racines et les fruits le nourrissaient en suffisance. La prudence exigeait qu'il ne mange qu'un animal chassé par lui-même. Il ne mangea pas, cependant la peau de l'animal l'aiderait à remplacer ses habits qu'il n'avait pas changés depuis des jours.

Il disposa la dépouille sur la branche d'un petit arbre, trancha sa gorge et son abdomen. Il laissa le sang se vider, restant près de sa proie pour décourager les charognards. Il aperçut quelques oiseaux étranges guetter le cadavre, mais rien de bien inquiétant. Cela le rassura. Il craignait d'attirer un prédateur féroce. Puis, il décrocha la carcasse et la découpa maladroitement. Le travail se révélait salissant, exigeant et très pénible. Il tailla large pour ne pas gâcher la peau. Sa tâche achevée, il souffrait dans tout le corps. Il fourragea avec ses silex dans la viande afin d'en extraire les tendons. Cela pourrait servir. Il avait lu que la cervelle pouvait remplir le rôle de graisse ou de cire. Il la préleva, plus facilement qu'il ne l'aurait pensé, et découpa également des blocs de gras. Enfin, il éloigna la carcasse de son trou. Il se baigna, nettoya tout ce qu'il avait retenu et retourna dans son refuge. La nuit approchait et il était fatigué. L'odeur attirerait probablement un prédateur et ses ressources importaient moins que sa propre vie. Le lendemain, ses denrées demeuraient à leur place, intactes. Il se réjouit : enfin, la chance lui souriait.

Il gratta à nouveau les tissus qu'il n'avait pas ôtés la veille sur la peau, puis la lava dans l'eau et la fit sécher sur un arbuste. Il utilisa les tendons pour accrocher les bâtons qu'il tailla ensemble, mais ce n'était pas très solide. Combien de temps pouvaient résister des tendons à la putréfaction ? Il l'ignorait. Il les nettoya et les graissa avec de la cervelle, puis les sécha. Il se sentait comme le premier homme, inventant son monde, adaptant le réel à ses besoins. Il tentait des choses. Il huila la peau et la fit sécher plusieurs fois. Il tailla une lance en bois sans rencontrer de grandes difficultés. Il fabriqua également une arme à mi-chemin entre le couteau et la hache. Il sourit au ciel, enthousiaste. Il répéta ce processus jusqu'à ce qu'il soit satisfait du résultat. Ses stocks de graisse et de cervelle épuisés, il utilisa de la sève. Cela lui parut beaucoup plus simple et il se reprocha de ne pas y avoir pensé avant.

Quelques jours plus tard, il revêtit sa peau et s'imagina en fier chef des premiers hommes. Il manifesterait un air sauvage avec son manteau épais, son couteau-hache et sa lance. Il éclata de rire. Sa voix le surprit. Puis, il pleura de désespoir. Il longea le torrent pour retourner à la carcasse de l'animal mort. Une pensée fugitive l'assaillit : Dieu lui offrait cette bête, cadeau providentiel. Sa jambe le tourmentait, mais il avait pris le pli en boitant et arrivait presque à marcher normalement au prix de souffrances relativement supportables, il deviendrait surement riche se dit-il en lui. Il ne restait qu'un squelette décharné et propre. Les insectes avaient rempli leur tâche avec zèle, et laissé des os parfaitement nettoyés. Il en préleva certains, les trempa dans l'eau, les gratta et les étala au soleil. Le lendemain, il fabriqua des petits couteaux en os, et sculpta divers objets décoratifs. Il lui restait une ligne de tendon et il confectionna un collier avec quelques pièces qu'il trouvait jolies. Il éprouva l'envie de se percer une oreille avec un des petits morceaux. Mais c'était ridicule car il était déjà gravement handicapé, inutile de s'infliger d'autres blessures.

Désormais armé et vêtu, il envisageait une nouvelle carrière. Il avait subi les caprices de la nature en tant que cueilleur, maintenant il s'attaquerait à la pêche et à la chasse, quelle blague !

RIRI se réveilla avec une mauvaise mine. Incapable de chasser, il se rabattit sur la pêche. Fastidieux au premier abord, il assimila rapidement les subtilités de la chasse aux lapins. Les poissons demeuraient des poissons, aussi insipides que ceux qu'il connaissait sur Terre. Ils lui parurent meilleurs, mais la faim le privait probablement d'objectivité. Il cuisinait deux petits spécimens lorsqu'il s'interrompit. Le sol et les cailloux vibraient comme si un séisme se préparait à avaler le monde. Il ressentit de puissantes secousses. Les animaux s'étaient figés et levaient la tête en direction du nord. Les minutes s'écoulèrent, rythmées par ce roulement de tambour. Il demeurait immobile, fasciné et glacé d'effroi par ce qui semblait se rapprocher à toute vitesse. Les bêtes scrutaient également l'horizon. Puis, le bétail déguerpit au galop, paniqué. RIRI courut vers son trou pour se cacher.

À mi-chemin, le troupeau apparut sur la colline. Cette vision lui coupa le souffle. Il n'en croyait pas ses yeux, il assistait au plus formidable des spectacles : une foule d'éléphants venait à pleine vitesse dans sa direction ! Ils ressemblaient à des Tricératops, des cousins tout du moins. Trop loin pour rejoindre la grotte, ils le piétineraient. Il courut vers un rocher en surplomb et l'atteignit in extremis. Il compta plus d'une quarantaine. Des bêtes tout simplement fabuleuses. Il jubilait car il se rappelait les histoires que son père lui avait raconté sur les éléphants de l'Extrême-Nord lorsqu'il était tout petit. Ces histoires détaillaient toutes les informations sur ces bêtes, des photos qu'il lui montrait pendant qu'il était dans l'armée. Il a toujours rêvé d'en voir. Un rêve d'enfant s'accomplissait. Voyageaient-ils dans le temps ces éléphants comme son père lui disait ? Si c'était le cas, il devrait patienter quelques centaines de millions d'années pour les revoir ! Il resta assis sur le rocher jusqu'au crépuscule, ne se lassant pas de contempler ces merveilles de la nature. Lorsque les colosses s'allongèrent et ronflèrent, il quitta son piédestal et rentra dans son trou comme une souris. Il s'endormit heureux, un sourire fou. Il oublia même ses douleurs et sa folie.

Le lendemain, la plupart des éléphants poursuivirent leur migration. Une petite famille de cinq moins gros demeurait près du cours d'eau. Il conserva une distance de sécurité et cuisina du poisson dans son trou, observant depuis l'entrée ces merveilles. Il attaquait ce qui ressemblait à une sardine lorsque le mâle dominant releva son museau et poussa un cri. Les autres s'excitèrent également, alertes. Ils regardaient dans tous les sens, affolés. Le plus gros s'approcha de son refuge et fit un signe de tête vers lui. Ses naseaux sifflèrent, comme un taureau qui s'apprête à charger. Ils poussaient d'étranges cris, puis paniquèrent et fuirent au galop. L'odeur du poisson grillé les effrayait-ils ? Un rien peut perturber un animal si grand. Non, le vent soufflait dans le trou, pas depuis le trou. Les fumées se propageaient à l'intérieur, ils n'auraient pas pu les sentir. Peut-être le feu ? Mais c'était un tout petit foyer et ils n'avaient pas réagi auparavant.

Leur comportement ressemblait étrangement à celui des mammifères. Ces derniers craignaient quelque chose d'étrange, mais quoi ? Ce devait être sacrément gros pour impressionner un animal de ce gabarit.

Il se raidit. Il n'avait pas exploré le trou jusqu'au bout à cause de l'obscurité. Et si quelque chose se terrait dans le noir, caché dans les ombres insondables ? Quelque chose qui ferait détaler ? Mais pourquoi maintenant ? Qu'est-ce qui avait changé ? L'odeur du poisson surement car c'était la première fois qu'il a cuisiné dans son trou. Un courant électrique le parcourut. Quelque chose d'abominablement dangereux hibernait à quelques pas derrière lui. Il avait dormi pendant tout ce temps près d'un monstre sans même s'en douter ! Ce refuge se révélait la tanière du prédateur ! *Et tu viens de le tirer de son sommeil.* Il crut entendre un frottement, et un sifflement. Des cailloux qui s'écrasent, qui glissent d'une paroi. Son imagination ? Il voulut déguerpir, mais la peur le paralysait. Les chuintements s'amplifièrent. Tétanisé, la panique l'empêchait de regarder ce qui se tramait dans son dos. Une pierre éclata, nettement. Ce gravier explosait sous le poids d'un terrible colosse. *Fuis, cours pour ta vie !* Il s'envola. Un rugissement funeste retentit. Le monstre abandonnait toute discrétion : il était affamé et enragé. RIRI détala de toutes ses forces, sans se soucier de sa blessure. Il ne s'en rendit compte que plus tard, mais il respirait fortement. Sa jambe s'était réveillée, juste le temps d'échapper à la mort. Il ne se risqua pas à jeter un œil en arrière. Il ne pouvait se permettre de perdre la moindre seconde, trébucher, ou réduire son allure. Il ne s'en sortirait probablement pas, et confronter son prédateur n'améliorerait en rien ses chances. Il courut parce qu'il n'envisageait pas d'autre alternative. Il ne se ménagea pas, puisant dans des ressources insoupçonnées. Il se souvint combien un jogging lui paraissait insurmontable, au bout de quelques mètres, il suffoquait. À présent, il ne ressentait pas la fatigue, ni les points de côté, ni l'essoufflement, ni sa jambe censée ne plus fonctionner. Son corps menaçait d'imploser, mais la course ne lui semblait pas difficile. Il se dirigea à toute allure vers la forêt. Les arbres représentaient son unique refuge. Son poursuivant serait peut-être trop imposant pour le pourchasser dans ces grands arbres. La bête se rapprochait dangereusement. Il espéra un court instant que le monstre se découragerait, s'épuiserait. *Ne sois pas stupide, ne t'arrête pas.* Il distingua une ouverture à une cinquantaine de mètres, dans un virage. Survivrait-il jusque-là ? Il tenterait sa chance. L'envie de se jeter dans un buisson tueur le saisit, mais il savait qu'il n'en ressortirait pas vivant une seconde fois. Le monstre possédait certainement la force de le déloger, quoiqu'il en soit. RIRI ne lui faciliterait pas la tâche surtout.

Il entamait le virage lorsque surgit de la forêt un serpent bois du sahel, longue à n'en point douter, il était enragé. RIRI appréhenda ce que le mot « terreur » signifiait. Ce monstre le dévorerait, aucune échappatoire. Il fondait déjà sur lui. Une crinière magnifique en forme de pointe courait depuis le sommet de son crâne jusqu'à sa queue. Ses dents immenses, tournées vers l'arrière, déchiraient le ciel. De sa mâchoire s'écoulaient des flots de salive blanchâtres. Son cri, hypnotisant, lui interdisait de réfléchir. Il comprit le langage de cet animal, l'envoyé de la mort, assourdissant et terrible. Beauté sanglante, vision d'horreur. Il poursuivit dans son élan, plongeant vers sa destinée. Le monstre à ses trousses hurla, mais RIRI n'y prêtait plus attention. Plus rien n'importait, effacé face à cette merveille de la nature, une splendeur dévastatrice qui le goberait d'un seul geste. Il passa derrière cette longue corde qui trainait à se retourner, elle ne l'avala pas. Elle convoitait une proie plus consistante. Il se sentit soulagé, mais la panique ne le quittait pas. Il désirait se blottir dans une cachette, détourner le regard et s'évanouir. Mais cela ne les ferait pas disparaître ! C'était comme dans un film d'horreur. L'enfant ouvre les yeux et rencontre le cauchemar qui le tyrannise, l'épouvante atteint son paroxysme. Il détala, se dirigeant vers la forêt. Le prédateur avait couché arbres et buissons sur son passage, lui offrant une issue, temporaire tout du moins. Il courait à en perdre haleine, mais ne ressentait toujours pas de fatigue ni de douleur. Pas le moindre épuisement. Les serpents bois étaient très fréquents dans cette zone, et cette zone à découvert constituait un parfait territoire de chasse pour les carnivores. Il rit de lui et de ses piteux efforts. Quelles armes pouvait-il bien opposer face à des bêtes monstres comme ceux-ci ? Il ne survivrait pas sur ces terres hostiles. Ce n'est pas pour rien que les hommes naquirent bien après cette époque. Ce monde ne prévoyait pas de place pour lui. Insignifiant, impuissant, faible, il avait beau courir, il terminerait dans l'estomac d'une de ces bêtes. Il n'occupait plus le sommet du règne animal, devenu proie, sans défense, blessé, malhabile. Up ! La forêt, il est sauvé finalement. Quelle chance !

.

4

Quelques semaines s'écoulèrent. RIRI rentra à la maison tout seul, sans l'aide de quelqu'un. Il n'avait pas l'air d'une personne qui avait vécu dans la jungle ni même de quelqu'un qui avait souffert dans une brousse, loin de sa petite famille, sombrant dans une folie qui au préalable aurait pu le rendre réellement fou s'il n'avait pas eu l'appétence d'aller rencontrer le grand maître.

RIRI était devenu riche, juste comme ça, après avoir passé quelques jours dans la brousse, après avoir vécu avec les animaux qui lui enseignèrent l'art de la survie et de la résistance. Lorsqu'il rentra tout le monde était étonné de le revoir, le croyant mort quelque part. Sa maman elle croyait qu'il était parti à la recherche d'un trésor après les conseils qu'elle lui avait donné depuis qu'il avait perdu son travail. Rosette elle avait compris qu''il y avait quelque chose de louche dans la disparition de son mari qui en plein jour réapparait et ne dit rien sur l'endroit où il était réellement. Il ne devait surtout pas raconter ce qu'il avait vécu dans cette forêt ni même les secrets que les animaux lui ont confiés afin qu'il devienne riche.

Trop tard dans la nuit les éléphants apportaient des sacs remplis d'argent que RIRI devait dépenser avant la fin d'une semaine, c'était une somme assez énorme qui était déposée tous les dimanches à minuit, sans que personne ne s'en aperçoive à part le bourreau qui était RIRI. Pour camoufler son secret RIRI mentit à tout le monde qu'une grande banque lui avait offert un contrat de longue durée et que son salaire était cinq fois plus que son ancien travail à la banque locale où il était bien avant qu'il ne soit viré. Les voisins lui crurent, sa maman aussi mais Rosette non. Elle avait une impression bizarre de la provenance sans cesse de l'argent qu'ils dépensaient tous sans compter. Le gout de leur vie avait complètement changé : une nouvelle belle maison, des voitures de toutes les couleurs chaque mois, des filles, les boites de nuit, les varies nourriture.

La vie intime de ses voisins le perturbait. Pendant la nuit, lorsqu'un couple s'unissait cela le troublait. Il n'avait pas eu de relation sexuelle avec Rosette depuis des lustres et il ne devait jamais en avoir. Il ne devait coucher qu'avec les prostituées tous les jours. Le jour où il coucherait avec sa femme il perdrait toute sa fortune, c'était la condition que le maître lui avait donnée bien avant qu'il ne se retrouve dans la forêt pour passer son test. Il éprouvait une forme d'excitation et de plaisir à vivre ces contacts avec les prostituées car il était habitué, mais également beaucoup de gêne et de frustration car il ne devait jamais coucher avec sa femme. Il s'imaginait comme un pervers, un voyeur, bien qu'il voulût rompre avec ce pacte quelques fois. Parfois, la vie en communauté lui pesait, il aimait son intimité. Les hommes qui avaient fait un tour chez le grand maître dans la région connaissaient cela également et chacun d'entre eux avait la possibilité de se fermer, mais la plupart du temps ils vivaient avec plusieurs femmes dehors. Quand RIRI voulait rencontrer une des prostituées il n'avait qu'à lancer un coup de fil et toutes venaient le trouver dans son hôtel personnel et il faisait le choix de celle avec qui il devait passer sa nuit, il la renvoyait le matin avec un chèque qu'elle devait elle-même mentionner dessus la somme qu'elle désirait avoir.

Un jour alors qu'il était couché dans ses appartements privés avec une prostituée, on toqua à la porte, il se demandait bien ce qu'une autre prostituée avait à trainer là alors qu'il avait déjà fait son choix journalier. Il traina à ouvrir, mais ouvrit quand-même. Il était étonné de voir une autre Rosette qui n'était pas sa Rosette à lui, certainement un éléphant qui se transforma et vint lui transmettre un message du maître.

— Bonjour, puis-je entrer POMPI ? C'était ainsi que RIRI se faisait appeler depuis qu'il avait eu de l'argent. Pour lui RIRI était un surnom de pauvre et POMPI lui allait mieux.

— Bien sûr. Je suis étonné parce que dans mon monde j'ai une relation avec une femme qui te ressemble beaucoup. Elle s'appelle Rosette.

La jeune fille le regarda et lui sourit.

— Je ne suis pas elle, mais ce n'est peut-être pas si mal ?

— Non, c'est même plutôt une bonne chose. Et puis, je ne suis plus cet homme non plus. Sinon je pourrais encore piquer une crise de folie et redevenir pauvre, je déteste la pauvreté. Il dit à la prostituée qui était dans la chambre avec lui de s'en aller et lui remit son dû.

Elle ne comprit pas son humour et détailla ses jambes avec compassion. Il se sentit diminué, impuissant, impotent. Il avait troqué son bras et sa jambe contre sa fortune dans cette brousse, et il ne l'avait jamais regretté malgré la douleur et les nuits blanches. Chaque mouvement répercutait une souffrance dans ses deux membres désormais inutiles. Devant cette Rosette, qui lui plaisait beaucoup plus que l'ancienne, il réalisait pleinement la perte de son intégrité physique : il était amoindri, plus vraiment un homme, mais un blessé, un handicapé, un fardeau.

On cesse de se considérer comme un homme quand on devient un malade, un éclopé, un paralysé. Il était prisonnier de son vieux corps abîmé, et par extension son âme était déchirée elle aussi. Elle semblait suivre le flot de ses pensées, posa un doigt sur ses lèvres et l'allongea sur la couche. Puis, elle le massa. Elle commença par la tête, délicieuse sensation. Il ne se souvenait plus de son dernier contact intime avec sa vraie Rosette. Un être humain avec une vie normale interagissait à nouveau physiquement avec lui : une femme fantastique, une seconde Rosette et non une prostituée. Mais il abandonna très vite toute excitation sexuelle, inondé par la vague de plaisir que lui procuraient ces mains expertes. Elle le déshabilla et il se laissa faire. Il fit mine de l'arrêter lorsqu'elle toucha son bras, mais elle le repoussa avec tendresse.

Il se crispa au début, puis déferla le soulagement. La douleur ne le quittait plus depuis des mois, peut-être même des années. Qu'en savait-il ? Il avait perdu la notion du temps depuis l'accident de voiture imaginaire. Il avait oublié la sensation de ne plus avoir mal, en permanence depuis qu'il avait donné ses deux membres dans la forêt. Ça le réveillait la nuit, mais il ne s'en préoccupait plus. Il avait accepté toutes les conditions du maitre, s'était résigné. Il réalisa toute la beauté de ne plus endurer ce martyre qu'être pauvre et d'être toujours insulté par sa mère qui le prenait pour un bon à rien. Ses yeux se remplirent de larmes. Il se sentit heureux et tellement reconnaissant envers le maître qui envoyait une cohorte d'éléphants lui verser de l'argent tous les dimanches qu'il prenait du Plaisir à utiliser à sa guise. Le flux ininterrompu de souffrance n'était qu'une ancienne vie enfin. Il retrouvait son corps, il eut l'impression de ne plus être brisé pendant quelques secondes et cela le réconforta. Il ne disposait d'aucun mot pour le décrire.

— Merci, chuchota-t-il.

— Ne t'en fais pas, c'est le maître qui m'envoie.

Elle s'approcha de lui, très doucement, s'assit sur son torse. Sa poitrine débordait de sa petite robe et il la considérait dans toute sa beauté. Rosette, ou peu importe comment ici on l'appelait, représentait la plus charmante chose qu'il ait contemplée depuis qu'il avait eu de l'argent. Son membre se raidit contre sa cuisse. Son sexe frôlait le sien, humide. Il était excité, elle aussi. Ils se voulaient. Une forme de complicité fleurissait entre eux. Il percevait ses émotions, son désir, troublé de partager ce besoin d'être pénétré, de se sentir en elle. Mais pas encore. Ils s'aimèrent comme jamais il n'avait aimé une femme auparavant. Il découvrit qu'il ne connaissait pas grand-chose en la matière lorsqu'il s'agissait d'une femme normale qu'il fallait d'abord être plus sensuel avec elle, non comme une prostituée, et il se réjouit d'apprendre. Les autres hommes qui étaient dans la même secte que lui n'étaient pas si amateurs lorsqu'ils devaient faire jouir les femmes que le maître les envoyait. RIRI lui n'était pas au courant. Il se déconnecta de la colonie, seuls eux deux comptaient ce soir. Ce n'était pas du sexe, non, c'était différent : plus beau, plus grand.

Il s'endormit paisiblement. Il rêvait d'être sur une plage à KRIBI avec la nouvelle Rosette. Ils s'aimaient profondément. Ils se baladaient en pleine nature, chevauchaient à cheval et parfois dans la montagne. Dans ce songe, il était valide, il marchait et pouvait utiliser son bras et sa jambe sans souci. Il était heureux. Cette vie leur convenait-elle réellement ? Tu ne veux pas t'engager avec moi ? sois franc, lui demanda la Rosette prime. Mais c'était faux, elle le comblait de bonheur. — Le problème n'est pas de s'engager. Je ne peux pas m'engager avec n'importe qui, lui dit-il. Elle sourit et lui dit : tu es obligé de te marier avec moi, sinon tu perdras tout. Voilà pourquoi j'ai été envoyé par le maître pour remplacer ta Rosette de départ. Avec moi tu peux coucher autant que tu voudras parce que dorénavant ta richesse dépendra du nombre de fois que tu me feras l'amour. Tu as une semaine pour te débarrasser de ta Rosette y compris ses deux garçons car tu es désormais ma propriété.

–Mais ce sont mes enfants, ma femme aussi.

–Autrefois oui mais plus maintenant car tu n'es plus RIRI, mais POMPI. Sauf si l'image du RIRI fou et pauvre te plait et que tu veux y retourner dans cette vie.

–Surtout pas, même dans les rêves. Je suis d'accord de les renvoyer dans une semaine. Et ma mère j'espère qu'elle ne fait pas partie du contrat.

–Bien sûr que non, son contrat à elle on verra bien quand on sera mariés. Aurevoir. Puis elle disparut laissant RIRI seul dans sa chambre.

Décontenancé, il n'osait pas dire quelque chose. Il eut envie de lui crier que ce n'était pas si important de partir, qu'elle pouvait rester ici avec lui. Rien ne l'obligeait, il s'en passerait, même s'il fallait qu'ils se marient maintenant il était d'accord. Son départ l'attrista plus qu'il ne l'aurait cru. Il la contemplait jusqu'à ce qu'elle disparaisse de son champ de vision. Elle le regarda une dernière fois et lui adressa un signe de main avec un petit sourire qui lui réchauffa le cœur. Il se reposerait en attendant son retour dans une semaine. Elle ne tarderait pas trop. Il s'étendit dans le lit et patienta.

Il se mit débout et décida de rentrer dans son appartement familial, près de Rosette et ses enfants qu'il était sur le point de perdre dans une semaine. Il voulait lui anticiper les choses. Une fois qu'il ouvrit la porte il entendit une voix féminine qui l'attendait au salon.

— RIRI, railla cette voix comme venant d'une tombe.

La terreur, il avait peur d'être en présence de sa femme Rosette, de peur qu'elle n'ait envie qu'il lui fasse l'amour. Mais il ne perdait rien pour attendre.

–Que fais-tu débout si tard la nuit ? Tu ne dors pas ? Et les enfants ? Et maman ?

Ses questions étaient suspectes.

–Non, j'ai décidé d'attendre mon mari aujourd'hui. Elle était en robe de nuit et avait laissé sa belle poitrine nue, un soutien-gorge de couleur rouge retenait ses seins debout.

Son cœur allait jaillir de sa gorge. Il sentit une main douce s'approcher de lui et sauta pour s'en éloigner. Il atterrit d'un bond de l'autre côté de la pièce, haletant, dos au mur. Il beuglait car la lumière inonda la chambre. Sa maman se réveilla, entra brusquement au salon et s'approcha, inquiète. RIRI La reconnut, mais ne parvint pas à se calmer. Il avait l'impression d'être en train de se faire agresser. Il ne pouvait s'empêcher de reculer même si sa femme lui demandait étonnamment ce qui n'allait pas avec lui. Il eut envie de s'enfuir, mais se retint. Rosette s'agenouilla et lui demanda de lui dire pourquoi il ne voulait plus d'elle depuis qu'il était mystérieusement rentré. Cela le calma. Il pleurait à chaudes larmes dans son coin. Rosette sanglotait, désemparée.

— Que vous arrive-t-il ? demanda sa mère en proie à une détresse insoutenable. Quel film tournez-vous si tard dans la nuit ?

— Demandes plutôt à cette femme pourquoi elle veut me violer.

Rosette et sa mère le regardaient étonnées. Les femmes se regardaient ensuite, mais différemment : sa mère pensait que Rosette y était pour quelque chose, ou plutôt qu'elle le forçait vraiment. Cela était bizarre. Rosette elle pensait que sa mère sortie expressément pour interrompre leur intimité avec son mari, mais dans tout ça RIRI était caché sous le rideau du salon. Les enfants se réveillèrent et sortirent aussi prendre leur part de spectacle. Ils aimaient bien le hurlement de leur père car il leur rappelait sa période de folie.

–Depuis que tu es rentré ça fait des mois que tu ne me touche plus. La voix de Rosette était celle d'une femme qui voulait percer le mystère cache

–Laisse mon fils se reposer tranquillement, il est surement fatigué après cette dure journée. Tu te plaignais qu'il n'a pas de travail maintenant c'est toi qui lui mets les bâtons dans les roues. Là c'était la voix d'une mère comblée qui voyait son fils se faire arracher par sa belle-fille. À force de mettre en valeur l'égoïsme et l'égocentrisme, de chacune d'entre elles la scène a supprimé les liens de famille, fragilisant l'individu qu'elles croyaient posséder, mais qui devint tout fou et sa tension était irremplaçable.

–Rosette tu as une semaine pour libérer ma maison toi et tes bâtards de jumeaux. C'était l'étonnement.

— RIRI je pense que tu es en train de perdre vraiment la tête. La voix de sa mère devint raide

— RIRI je pense que c'est une blague n'est-ce pas ? Le nom RIRI sonnait dans sa tête comme un rappel de sa vie de pauvreté et il haïssait ce nom.

–Mon nom c'est POMPI et je tuerai la prochaine personne qui va m'appeler RIRI.

Il contempla, incrédule, les visages de ces deux femmes : Toi et tes enfants vous avez une semaine pour quitter, pas une journée de plus. Si non ce qui va vous arriver vous serez les seuls responsables Il tourna ensuite le regard vers sa mère et dit : en attendant que ton tour arrive bientôt. Il entra se coucher.

Minuit sonna lorsqu'il entendit les bruits des éléphants mystiques qui ouvraient discrètement la porte de chez lui pour venir déposer les sacs d'argent derrière sa chambre. Il devait sortir et venir ramasser les gros sacs remplis de billets de 10000fcfa. Il se prit les pieds dans un pavé et roula sur le sol. Ses reins rencontrèrent quelque chose de dur qui lui coupa le souffle. Une souffrance terrible explosa, comme s'il s'était brisé des côtes. Son expression aurait pu sembler comique. Il demeurait stupéfait, étonné par cette douleur qui le cueillait par surprise, net au moment où il sortait pour venir ramasser les sacs. Rosette entendit un bruit et sorti rapidement par la porte de derrière.

— Ça va POMPI ? il semblait perdre le souffle et respirait difficilement. RIRI ne répondit pas, incapable de formuler un son.

— Mon Dieu ! POMPI, comment est-ce possible ? C'est ton sosie ? Il eut peur qu'elle découvre ce qu'il était sorti si tard chercher dans la cour. Les sacs noirs étaient toujours poses dans l'obscurité et les éléphants avaient disparus lorsqu'ils entendirent la voix de Rosette.

— Non, c'est moi répondit RIRI avec assurance. Le RIRI au sol regarda son alter ego avec surprise. Il n'escomptait pas que cette dernière comprenne si vite.

— Qu'est ce qui t'es arrivé voyons ? Tu partais où à cette heure ? Viens rentrons dans la chambre s'il te plait. Elle voulut le relever et le tirer vers l'entrée d'un immeuble. RIRI s'imagina dans une mauvaise position avec elle.

— Non, je suis sorti juste prendre de l'air et réfléchir sur une transaction que j'ai fait aujourd'hui à la banque. Je suis tombé en essayant de traverser les tas de carreaux. Je n'ai pas besoin de ton aide, laisse-moi tranquille, vas te coucher. Elle obéit et entra sans dire mot. Il attendit un moment avant de faire entrer discrètement les sacs pleins d'argent dans sa chambre.

Le matin, sa mère et Rosette étaient au salon, les enfants jouaient au jardin, il était 9h lorsque POMPI sorti de sa chambre où il était le seul à avoir accès. Il ne dit bonjour à personne et vint s'asseoir à même le tapis, il regardait des dessins animés. Les lundis étaient pour lui jours de repos. Aucune d'entre les deux femmes ne le considérait, elles ne lui dirent pas bonjour non plus. On sonne à la porte, personne ne se lève pour ouvrir. On sonne à nouveau et RIRI S'exclame :

— Qui est-ce ?

— C'est moi ! répondit cette voix féminine remplie d'une incroyable conviction.

— Toi qui au juste ?

— Quelqu'un peut ouvrir ? rétorqua-t-elle. Aucune des deux femmes ne se sentait impliquée.

— Il se leva, guetta à travers un trou dans le portail et vit comme une lumière cette jeune belle dame qui se tenait là comme attendant un taxi. Non, ce n'est pas possible. C'était la jeune fille de l'autre jour qui avait toqué à son appartement privé. Mais qu'est ce qu'elle venait faire chez lui ? Le délai d'une semaine n'était pas encore arrivé pour que Rosette s'en aille mais elle est déjà venue pourquoi ? Est-ce le maître qui l'envoi ? Serait-ce en rapport avec l'incident de la nuit dernière ? Il ouvrit quand-même tout mouillé de panique. Il la laisse entrer, sa mère et Rosette la regardaient comme un fantôme.

— Je suis étonné de vous voir chez moi.

Elle sourit.

— Moi non car on devait se voir de toutes les façons : prédire et envisager l'impossible, ou plutôt toutes les possibilités. Je savais qu'une probabilité pour qu'un élément puisse glisser d'un monde à un autre existait, mais les univers parallèles se rangeaient dans la catégorie des hypothèses farfelues. Rien ne peut m'empêcher d'être avec toi car le maître nous a fait l'un pour l'autre. RIRI faisait tout pour qu'elle n'entre pas mais elle le poussa et entra au salon, se tint en face des deux femmes.

— Alors vous comprenez ce qui se passe ? Demanda-t-elle à Rosette et la mère de RIRI.

— Non, absolument pas. Répondit Rosette. Nous sommes pressées de savoir ce qui ne va pas.

Sa réponse n'atténua en rien son caractère de femme rassurée.

— Dans ta réalité, est-ce que tu vis avec POMPI comme étant sa femme ou bien la mère de ses enfants juste ? Rosette fit semblant d'esquiver cette question qui introduisait en quelque sorte la jeune femme dans son ensemble.

Elle n'avait toujours pas décroché un sourire, et son habitus ne perturbait personne.

— Je crois que nous sommes liés POMPI et moi dans tous les univers qui existent. C'est ce qu'on doit appeler les âmes sœurs, lança Rosette en riant.

La jeune dame se détendit. Elle regarda RIRI d'un air satisfait qui signifiait et continua : — « je te l'avais bien dit ». RIRI se tenait là, il souhaitait certainement qu'une guerre ne se lance entre la fille du maître et la mère de ses enfants à qui il avait donné une semaine pour qu'elle quitte la maison même comme il n'y avait aucune raison valable pour qu'elle le fasse.

— Tu as une semaine pour quitter la maison Rosette. Une semaine pour partir loin d'ici car celle que tu vois debout devant toi est celle qui va te remplacer lorsque tu seras parti dans pratiquement six jours. A ta place je serai déjà parti.

Elle avait recouvré toute sa froideur.

— C'est à cause d'elle que tu me renvois de chez toi après toute cette galère à tes cotés ? Tu aurais dû le faire plutôt car tu vas le regretter toute ta vie, je te promets sur la tête de nos deux enfants. Je partirai demain très tôt.

Ses paroles semblèrent ne pas le suffire mais il s'en contenta.

— C'est ce que je souhaite, juste que tu partes loin d'ici.

RIRI espérait se reposer après que la jeune dame envoyée du maître fut partie, mais sa maman ne le lâchait pas. Il se servit un grand verre de vin rouge. La journée promettait d'être longue, mais l'alcool coulait à flots et il faisait chaud !

— Tu caches forcément quelque chose RIRI, lança sa mère bouffie de frustration.

— J'aimerais, mais tu as plus à m'apprendre sur les voyages inter-dimensionnels que je ne pourrais t'en révéler. Je ne sais pas comment. Je suis riche aujourd'hui, j'ai envie de vivre comme il se doit mais vous m'embêtez toi et cette idiote de Rosette. Parfois c'est soudain, mais le plus souvent ça se produit progressivement. Je veux vivre avec une personne qui vaut ma richesse, elle doit venir s'installer ici et Rosette doit s'en aller. Elle aura autant d'argent pour vivre avec les enfants qu'elle a toujours dit qu'ils sont miens.

— Qui es-tu réellement devenu depuis que tu as disparu étant pauvre et qu'après un certain temps tu es revenue riche mais diabolique ?

RIRI comprit qu'il avait peut-être commis une erreur.

— Le RIRI que vous avez connu au paravent est mort avec la pauvreté, je suis un autre. POMPI. Ma vie a été marqué de souffrance, de galère, de moquerie de votre part lorsque j'avais perdu mon boulot, j'étais un chien, aujourd'hui je suis moi, je suis un qui vaut mille. Je veux vivre à ma façon, sans vous parce que je ne veux pas vous faire subir certaines choses, je ne veux pas vous mêler à ma richesse. Rosette d'abord, maman ensuite.

— Inutile de nous ménager, RIRI. Nous ne subirons pas ce mépris aussi longtemps. Si tu veux savoir, nous partons tous demain matin. Non seulement tu vas rester avec ta soi-disant femme, mais également avec ta richesse que tous nous savons d'où ça vient.

Rosette alla se servir un verre. Des larmes coulaient sur les joues de sa mère. RIRI ne put s'empêcher de prendre sa main dans la sienne pour la réconforter. Elle manifesta ce petit rictus qu'il connaissait bien. « Tu es mon garçon, tu es un bon fils », aurait-elle pu dire mais elle rejeta sa main, le poussa et se mit debout.

— Les éléphants qui apportent ton argent dans la nuit tu n'es pas le seul à les voir, nous aussi nous les voyons à travers la fenêtre chaque dimanche. Tu étais si intelligent et chanceux, tu as tout gâché et tu as choisi le chemin de la facilité en te confiant à des esprits mystiques, le diable en personne. Bravo ! Je suis sûr qu'on a manqué de te donner certaines précisions, le diable ne te donne rien pour rien. J'espère que tu sauras quoi lui donner en retour, moi et mes petits-enfants sommes protégés par une force plus puissante, ne tente pas sauf si tu veux y laisser ta misérable vie. Réjouis-toi de ton monde diabolique.

POMPI rit et repensa aux scandales de son ancien monde, rit encore et repensa à ce nouveau monde qu'il aimait bien. Il continua :

— Mon monde n'est pas si différent du votre bien que vous vous trompez en vous disant que le mien est diabolique. Nous sommes tous très riches, mais en proportion je crois que presque tout ce que nous générons disparaît aussi on ne sait où. Un complot d'une terre parallèle qui rançonne les dimensions, je présume. Autrefois il fallait travailler pour être riche, aujourd'hui le travail rend pauvre, autrefois il fallait faire du bien pour aller au paradis mais aujourd'hui le bien ouvre les portes de l'enfer depuis qu'on est sur la terre. Je vous aime plus que moi-même, voilà pourquoi je suis le seul qui subira les conséquences de ma décision si jamais il y en avait bien sûr. Ne vous en faites pas, j'ai déjà payé le prix. Il parlait de ses deux membres coupés. Je veux juste que vous partez, loin de moi, loin d'ici, loin du monde, loin de la vie, loin de la terre car tout y est pourrit. Mes intérêts ne sont pas les vôtres.

— L'homme est un loup pour l'homme, a écrit Lénine. Continua Rosette.

— Plaute en fait, répondit POMPI, et bien d'autres ont repris cette citation, comme Montaigne et… enfin, ce n'est pas très important, on s'en fou de toutes les manières.

— Sache qu'avant que tu ne viennes au monde, personne n'a jamais signé un pacte avec le diable dans notre famille, même pas ton père paix à son âme.

— C'est pourquoi tous ses morts pauvres, je ne mourrai pas comme eux si c'est ce que tu veux. *L'homme se relève toujours, peu importe la catastrophe, malheureusement.*

Ils passèrent une nuit ensemble, c'était la dernière.

5

Une nouvelle forme de vie avait repris entre les deux camps qui vivaient séparément maintenant. RIRI vivait avec sa nouvelle femme, la fille du grand maître. Il la prenait pour sa Rosette après tout et l'aimait bien. Sa mère est repartie vivre dans leur ancienne maison avec Rosette et les deux jumeaux. Elles avaient ouvert un petit bar devant la maison avec le peu d'argent qu'elles avaient et vivaient bien de leur côté.

Depuis deux semaines RIRI est dans la maison avec sa femme, ils ne vivaient que d'amour, de sexualité et de sensation. Son pacte lui exigeait de faire des rapports sexuels par jour.

— Quel est le programme ? demanda POMPI gaiement à sa femme.

Il brûlait d'envie d'entendre qu'elle lui dise qu'ils iront sur une plage, qu'ils sortiront tous les soirs, qu'ils voyageront en Europe et en Amérique, qu'ils auront des moments de folies… Bref des trucs qui vaillent leur richesse.

— Nous ne sortirons plus jamais POMPI, ce serait dangereux pour nous. Nous vivrons désormais dans notre appartement, nous commanderons tout ce que nous voulons et on nous l'apportera à la maison. Personne ne doit savoir où nous vivons. C'est ainsi que fonctionne notre monde maintenant. Les disciples de mon père que vous êtes sont enviés partout et son pouvoir court un grand risque, et chacun garde sa demeure secrète afin de protéger ses intérêts.

— Mais je ne comprends rien dans tout ça.

— Seul un fou s'y risquerait à vouloir comprendre ce que j'ai dit, répliqua La Rosette.

— On pourrait quand-même aller en boite la nuit ?

— Et que répondrais-tu si jamais mon père nous y trouvait ? Tu es diminué, les gens comme nous vivent dans leurs maisons, ils ne circulent pas librement et ne se mêlent pas aux pauvres. Tu as tout à la maison, sers-toi avec Plaisir, y compris moi.

POMPI tressaillit. Il repensa à sa Rosette, aux boites de nuit, à ses prostituées à qui il signait des chèques facilement, les farotages qu'il faisait dans les rues. La réalité demeurait cruelle et impitoyable pour ceux de son acabit. Il se demanda comment il allait faire pour dépenser l'argent que les éléphants lui apportent avant le délai indiqué si jamais il ne sort pas. Il était en danger dans ce monde, rien de bon ne l'attendait. Sain de corps, il aurait pu avoir une chance, mais il était condamné. Il regrettait la cité des homme-riches, et la tristesse le submergea. Tout sauf ici, prisonnier de quatre murs jusqu'à ce que le maître se débarrasse de lui comme d'un vieux jouet passé de mode.

POMPI la regarda et comprit que cette indifférence n'était pas feinte. Elle se préoccupait de choses bien plus essentielles dans la vie ! Pour la première fois, il remarqua une expression sur son visage : le mépris.

— A combien de disciples de ton père as-tu été mariée jusqu'à ce jour ?

Elle attrapa POMPI par le col et le tira vers la cuisine. Il n'arrivait pas à suivre le rythme, mais elle le portait à bout de bras. Ses pieds touchaient le sol par intermittence, le temps de se donner un petit élan. Elle l'emportait comme un bébé dans une tornade et il n'avait aucune idée de ce qui se passait. Comment une femme peut-elle avoir une telle force bon Dieu !

— Ne me pose plus jamais cette question à moins si tu veux que je t'enlève les yeux. Elle était toute furieuse comme si RIRI venait de toucher son coin faible.

Elle lui lança un regard acerbe avant de continuer.

— Moi aussi j'avais une vie normale, je vivais avec un garçon très adorable que j'aimais à en mourir. Mon père l'a tué pour faire de moi son serviteur, pour me mettre la pression, me mêler à vos histoires. Je vivais loin de lui depuis que j'ai découvert qu'il avait vendu ma mère dans la magie au Nigéria pour acquérir tous les pouvoirs qu'il a aujourd'hui mais il a réussi à me faire entrer dans sa magie, il m'utilise comme moyen de pression sur vous ses disciples en me donnant comme femme. Alors si tu veux savoir à combien de mari j'ai été donnée tu n'as qu'à compter le nombre de disciples que mon père a déjà tué et je crois que tu auras ta réponse.

RIRI ne plaisantait plus du tout. Elle semblait l'avoir plongé dans un grave dilemme.

— C'est donc pour me tuer que tu m'as épousé ?

Il baissa les yeux, résigné et las de fuir. Oui, il pourrait peut-être, mais le phénomène se révélait incontournable, erratique, incontrôlable. Et pour aller où ? Peu importe la destination, la situation se détériorait inéluctablement. Ce qui est fait est fait.

Il s'est vu sur une cour à ciel ouvert. S'imagina comme un chimpanzé de laboratoire. Une vision délirante surgit dans son esprit : il était nu, dans une cage, et le maître l'obligeait à se tartiner de rouge à lèvres… Non, surement qu'il le soumettrait à des expériences bien moins orthodoxes. RIRI fut convaincu qu'il avait rêvé ce moment, comme dans les films où le méchant machiavélique jouit de la réussite de son plan tordu. Il se mettait en scène, il endossait le rôle du vilain homosexuel dans les films Novelas.

— Je ne tue jamais personne. Répondit-elle, tu t'es tué le jour que tu as emprunté le chemin qui mène au temple de mon père. N'en veux à personne. Tu aurais dû accepter de mourir pauvre que de subir le cauchemar qui va t'arriver bientôt avec ta richesse.

POMPI lança un regard à la Rosette qui était à côté de lui pour s'assurer que ce qu'il avait lu sur la mort d'un magicien était faux. Il aurait voulu qu'elle ne lui dise pas la vérité.

— Qu'est-ce que vous avez tous à courir derrière la richesse ? Le surprit-elle avec cette question.

— J'étais riche avant. J'étais banquier puis j'ai été renvoyé, j'ai failli devenir fou à cause de ça, je n'avais pas le choix, je ne pouvais pas supporter de vivre l'enfer sur la terre. Elle éclata d'un rire ridicule, comme une super-vilaine de comique.

— Sais-tu ce qui va t'arriver ? L'enfer serait bien mieux.

Il lui lança un regard, il n'avait rien comprit. Elle cessa de rire. Il reprit son calme et son air froid d'homme riche. Il incarnait à merveille le magicien qui a vendu sa femme et son bébé dans les films nigérians. La Rosette ne bronchait pas. Elle avait complètement changé durant son petit temps de monologue. Terrassé par l'ennui POMPI n'avait pas fini sa pensée effrayée qu'il s'engouffrait déjà dans une inquiétude infantile. Sa question avait éclaté comme un coup de feu dans sa tête.

— Ton père m'a dit qu'il n'y avait aucun risque dans ça, que je n'avais qu'à passer mon test dans la forêt et que je deviendrai riche. Il ne cessait de toucher sa barbe, malgré la souffrance. En imaginant ce petit bonhomme taper des pieds comme un enfant parce qu'on venait de casser son jouet, l savait maintenant qu'il s'est mis dans une salle histoire.

Elle lui déploya alors toutes les informations et secrets insoupçonnés. RIRI s'affaiblissait dangereusement. Il avait perdu son sang-froid, mais bien moins que ce qui lui arriverait.

— S'il ne s'agissait que d'aller dans la forêt, les chasseurs, penses-tu qu'ils seraient si pauvres ? Ça ne fonctionne pas ainsi monsieur, il y'a un prix à payer. Elle demeurait plus calme que lui. La journée passait. — Tu es dans une situation de choc, un péril immédiat n'est-ce pas ?

— Je ne sais pas.

— Ça a marché pour toi toutes les fois où tu risquais de mourir, tu peux t'en sortir dans tous les cas.

— Pas contre le grand maitre, s'esclaffa POMPI.

Elle éclata de rire. Il se sentait piégé. Ses doigts s'engourdissaient et la lumière déclinait. Ils atteignirent 19h dans cette discussion interminable. Elle referma la porte et dressa la table à manger comme une bonne femme. POMPI le dévisagea. Il semblait prêt à tout. Une détermination implacable passa dans son regard. Elle l'invita à table et se mirent à manger. Il mangeait la tête baissée et avait si peur.

— Mon chéri, à quoi tu penses ? Je ne te sens pas du tout là. Si c'est pour ce que je t'ai dit à propos du prix à payer saches que tu n'as pas le choix. D'une façon ou d'une autre tu vas le payer, mais certainement pas comme tu l'imagine.

RIRI expira. L'adrénaline courut dans son corps, ses muscles se bandèrent, ses veines gonflèrent, sa poitrine se souleva, et tel une grenouille il gonflait toujours. La Rosette sous le coude, elle ne trembla pas car elle était de fer. Un bref instant, POMPI entrevit des scènes de film encore dans sa tête : Il plongeait dans le vide, une main semblable à celle du maître l'aurait balancée depuis un toit. Dans tous les cas, les héros chutent toujours dans les films.

— Je croyais qu'après avoir donné mes deux membres dans la forêt j'avais déjà payé le prix qu'il fallait.

— Tu croyais oui sauf que personne ne t'a dit que c'est le cas. Toi-même réfléchis, deux membres qui ne servaient d'ailleurs à rien de bon et tu crois les avoir échangés contre des milliers de millions que les éléphants t'apportent ? Tu es sérieux là ?

— Que dois-je donc faire ? Demanda POMPI désespéré.

— C'est par cette question que tu devais commencer. Donne du sang frais au grand maître, du sang chaud surtout.

— Je ne comprends pas. Quel sang ?

— Tu me dégoute avec tes questions débiles. En réalité tu ne mérites pas ce qu'on te donne.

— Je n'ai juste pas compris la parabole du sang. Insista-t-il pour percer le mystère.

— Je ne parle jamais en parabole, le sang c'est le sang. Donne un membre de ta famille, c'est le seul prix à payer.

— Il est hors de question que je donne qui que ce soit.

— Oh si, tu vas donner, tu vas donner autant de fois qu'on te demandera. Tu es malade ? Ça ne va pas dans ta tête ? Personne ne t'a forcé après tout. Pour ta gouverne, je ne demande pas ton avis. Donne le nom de la personne. Elle sortit un petit coffre dans son sac, le lui tendit toute furieuse. Prit de frayeur il le prit en tremblant.

— Je donne alors le sang de Rosette. Il pleurait.

— Elle est idiote, je ne la veux pas.

— Je donne ma maman. Il pleurait plus.

— Elle est vieille et son sang n'est pas chaud.

— Alors prend moi qu'on en finisse. Prends-moi donc comme c'est moi que tu veux.

— Hum ! Il faut être aveugle pour te vouloir. Tu n'as pas tous tes membres, désolée.

— Alors moi je n'ai plus personne à donner. Il se leva de la table tout furieuse d'elle mais il ne pouvait pas lever le ton.

— Si, tu as quelqu'un, tu as deux personnes à donner et c'est eux que je veux d'ailleurs. Ils ont un sang chaud, puissant, ils ont un même destin, ils ont vu le jour ensemble et doivent s'en aller ensemble. Je veux tes jumeaux.

— Jamais ! Jamais je te dis. Il faudra d'abord me tuer avant de les prendre.

— Oh oui, le bon monsieur veut qu'on se la joue comme ça. Non seulement je veux les deux, je veux aussi ta mère. On verra si tu pourras encore parler. Tu penses que tu peux sortir de nulle part, venir manger notre argent et t'en aller comme si rien n'était ? Oublie chéri.

— Pitié ! Ils n'ont que cinq ans. Pitié s'il te plait je ferais tout ce qu'il faut mais pas eux, pitié !

— C'est justement parce qu'ils ont cet âge que je les veux. Tu seras de plus en plus riche tu sais.

— Non, non tu peux tout reprendre, juste laisse-moi mes deux garçons. Ils sont tout ce que j'ai de plus cher au monde, non pitié.

— Il fallait y penser avant. Tu as de la chance tu sais, j'aurais pu te demander tous les quatre à la fois et tu ne les aurais plus dans tes pattes. C'est vivre seul que tu voulais après tout, arrêtes de faire semblant de les aimer. Tu n'as pas à t'en vouloir POMPI, nous avons tous un choix difficile à faire dans la vie et tu viens de faire le tien. Je te promets que je demanderai indulgence pour toi auprès de mon père afin qu'il ne t'enlève plus personne, tu seras immensément riche comme tu l'as toujours voulu et je serai toujours là pour te faire oublier cette peine. Tu verras, ça ava passer dans quelques jours, juste le temps pour tes deux garçons de s'en dormir aujourd'hui. Ils auront une belle mort, sans souffrance, sans peine, sans cris, sans chagrin, juste un profond sommeil.

Le gout de la vie lui revenait et il reviendrait sur ses pas si cette chance lui était offerte, mais il était trop tard, trop tard pour pleurer, trop tard pour regretter, trop tard pour se faire pardonner, trop tard pour crier, trop tard pour s'attrister, trop tard pour faire un choix.

6

Le lendemain soir chez sa maman, les deux garçons dormaient sur un même lit, alors que Rosette venait de les faire coucher, elle leur raconta une belle histoire fascinante qu'ils ont aimé à mourir sans savoir que c'était la dernière qu'ils auraient écoutés à leurs jeunes âges. Ils ne se réveillèrent plus le matin, c'était fini pour eux, ils étaient partis loin.

— Excuse-moi POMPI. Je suis désolé de ne pouvoir te ramener tes deux enfants. J'aurais aimé les épargner. Moi aussi j'ai mal mais je dois assumer mes choix.

Lorsque RIRI sut que réellement ses deux garçons lui ont été pris, il mourut une journée entière avant de se réveiller le lendemain. Il ne mit pas pied au deuil de ses propres fils, il s'enferma dans la chambre des semaines, ne parlait pas à la Rosette, ne mangeait pas, ne sortait pas les dimanches nuits pour porter les sacs d'argent que les éléphants déposaient doublement maintenant. Il s'est dit à lui-même :

— Il n'y a plus rien ni personne à sauver dans mon monde. Je l'ai compris. J'ai perdu ma femme, j'ai perdu ma mère, je ne reverrai plus mes enfants. Je ne vivrai plus longtemps. Maudit sois-tu argent, maudit sois-tu richesse, maudit sois-tu grande maître, maudit sois-tu la Rosette.

— Peut-être plus tard mon cher lui souffla la Rosette, garde tes malédictions pour plus tard car tu en auras besoin pour te l'infliger à toi même lorsque ton heure sonnera. Tu as beaucoup d'argent maintenant, profites-en. Personne ne pourra jamais te l'enlever, disons… pour le temps qui te reste à vivre.

— Je voudrais que ce temps s'arrête maintenant, je veux juste ne plus vivre.

POMPI imaginait une cérémonie spéciale pour son châtiment en enfer. Il voyait sa mère, Rosette et ses deux garçons se réunir autour de lui, assemblés près de la liste de ses péchés. Aucun d'eux ne lui sourit comme ils en avaient l'habitude. Ils semblaient nerveux et excités à la fois de suivre sa sentence. Rosette paraissait beaucoup plus tendue. Sa mère conservait un visage fermé et inexpressif comme pour dire de lui couper la tête. Cette mine triste et désespérée dont il ne se déparait plus s'affichait aussi sur le visage de ses deux enfants qui étaient recouverts de sang. Ils ne lui en voulaient plus, pensa-t-il. Mais sur leurs visages il savait et lisait qu'ils souhaitaient le pousser dans les landes sauvages parce qu'il est le plus égoïste des hommes, parce qu'il a saccagé tout leur bonheur de l'avoir comme fils, père et mari. Il se sentit alors comme la pire des ordures. Il allait prendre la main de ses deux garçons lorsque les portes de l'enfer sautèrent de leurs gonds. Un courant électrique parcourut sa nuque et il découvrit avec horreur les soldats illuminés qui lui disaient que l'heure du jugement est arrivée et le poussaient. Il savait qu'il n'allait plus jamais les revoir, les avoir. Mais une fois de plus, il souhaitait même derrière les portes de l'enfer leur dire qu'il est sincèrement désolé d'avoir suivi le chemin de la facilité.

— Viens avec moi, lança sa femme, je veux t'amener faire un tour dehors, pour t'aider à oublier.

— J'aimerais bien, mais je ne peux pas. Ils vont bondir sur moi.

Il ne voulait pas sortir, plus maintenant, plus jamais d'ailleurs. Il se campa sur ses jambes et se tourna vers la milice de lumière. Ses oreilles semblaient entendre « *tu nous as tué, mais tu ne t'échapperas pas* ». Il avait peur de tout ce qui pouvait bouger. Son cœur vacillait. Les âmes des deux garçons avaient instillé le doute dans son esprit. Ses jambes ne semblaient plus si profondément ancrées dans le sol.

— Allé, lève-toi je suis là avec toi, sortons juste un peu.

Ils quittaient déjà la pièce. POMPI esquissa un dernier regard autour de lui comme s'il sut que c'était le dernier, effondré, il dit à voix basse quelque chose qu'il était le seul à suivre. Il lut la fin de ses jours dans les yeux de la jeune dame devant lui qui lui tendait la main. Oui, il la haïssait mais il était trop tard. Elle arborait une belle démarche en sortant. Il l'imagina, une lance la transperçant de part en part, et se dit, si je pouvais aussi la tuer comme elle a tué mes enfants.

— Il est temps que tu nous emmènes loin d'ici, lui dit la Rosette en démarrant la voiture. Entre mon chéri.

POMPI se reprit et remarqua que les soldats de lumière qu'il avait rêvé en enfer lui indiquaient une direction qu'il suivit sans peur. Après quelques pas sur place il entra dans la voiture.

Le sol changea de texture. Il pleurait pendant que les murs de sa maison se transformaient et se coloraient de teintes étranges, on dirait du sang. Ils naviguaient dans une espèce de corridor de matière. Des particules radieuses se déplaçaient autour d'eux. Il ne pouvait que voir. Il savait qu'il quittait ainsi le monde. La Rosette criait des paroles incompréhensibles, on dirait en langue des morts. Il n'y prêtait pas attention car il savait ce qui leur arriverait une fois franchis le portail, plus rien ne comptait. Il dérivait dans les confins de son esprit, dans un lieu terne vallonné de sombres étendues arides où ne soufflent que peine et désespoir, un vent de folie qui inspire les Hommes qui ont choisis la mauvaise voie dans le monde, puis se sont égarés, perdus à jamais. Peu importe ce qui advenait. Il avait traversé des réalités toutes plus étranges les unes que les autres. Les animaux et les humains qu'il avait vus défilaient devant lui à tour de rôle. Il ne lui restait pas beaucoup de temps, quelques pas seulement.

Ils visitèrent un monde peuplé de démons, ils semblaient s'agiter comme des êtres vivants. RIRI eut l'intime conviction que c'était ainsi qu'il allait se transformer bientôt. Une voix ancienne et rugueuse gronda au fond de son cœur, un esprit millénaire déshumanisé. Ce monde de démons ne voulait pas d'eux. Ils pénétrèrent un monde de volcans, il voyait les laves couler et s'imaginait que c'est dans ce feu qu'il brulerait surement. Ce n'était pas du feu, pas des démons, seulement des silhouettes indistinctes et mouvantes. Un monde avec des créatures ressemblant étrangement aux monstres dans les films, de grands montres qui font peur. Un monde où des croix chrétiennes étaient placardées sur tous les murs, et des êtres humains crucifiés le long de la route, certainement qu'il en serait un. Un monde de glaciers gigantesques et de crevasses titanesques. Un monde où les tours d'immeubles se perdaient dans un nuage de pollution. Un monde où une foule de sorciers et magiciens étaient mouvante.

Ils sortirent alors et le portail se referma tout seul derrière eux, la maison commença à s'écrouler, la Rosette fonça avec la voiture droite dans le fleuve qui s'étendait à perte de vue. Les deux se regardèrent et se mirent à rire, un rire de mort et un vacillement sans détour. RIRI mourrait en se noyant tout seul dans la cabine car la Rosette avait disparue juste au moment où la voiture plongeait dans l'eau.

C'était une belle mort de magicien.

I want morebooks!

Buy your books fast and straightforward online - at one of world's fastest growing online book stores! Environmentally sound due to Print-on-Demand technologies.

Buy your books online at
www.morebooks.shop

Achetez vos livres en ligne, vite et bien, sur l'une des librairies en ligne les plus performantes au monde!
En protégeant nos ressources et notre environnement grâce à l'impression à la demande.

La librairie en ligne pour acheter plus vite
www.morebooks.shop

Printed by Books on Demand GmbH, Norderstedt / Germany